MERIAN *momente*

W0062859

SARDINIEN

FRIEDERIKE VON BÜLOW

SARDINIEN ENTDECKEN   4

SARDINIEN ERLEBEN   20

SARDINIEN ERKUNDEN 64

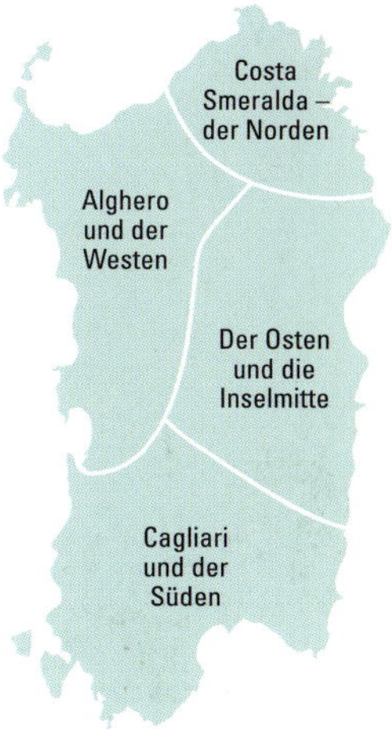

TOUREN DURCH SARDINIEN 124

Costa
Smeralda –
der Norden

Alghero
und der
Westen

Der Osten
und die
Inselmitte

Cagliari
und der
Süden

SARDINIEN ERFASSEN 134

KARTEN UND PLÄNE

SARDINIEN
ENTDECKEN

Bunte Häuserfronten in der Stadt Bosa
(MERIAN Top Ten, ▶ S. 10).

MEIN SARDINIEN

Sardiniens landschaftliche Vielfalt lockt besonders in den Sommermonaten mit ihrer Pracht. Mondäne Küstenabschnitte, urige Bergdörfer, friedvolle Naturparks oder einsame Buchten an erhabenen Steilküsten laden zum Verweilen ein.

Sardinien ist nicht einfach nur eine Insel im tiefblauen Mittelmeer. Diese Insel wird Sie ergreifen – jeder einzelne Ihrer fünf Sinne wird nach diesem paradiesischen Fleckchen Erde süchtig werden. Viele Menschen sind der Meinung, dass diese Insel zu jeder Jahreszeit ihren Reiz hat. Das ist auch richtig. Doch aus gutem Grund fliegen viele Fluggesellschaften nur in den Sommermonaten die Städte Alghero, Cagliari und Olbia an. Von Mai bis September entfaltet die Insel ihr eigentliches Ich, ihre wahre Schönheit, ihren ehrlichen Reiz. In diesen Monaten findet die nordeuropäische Seele genau das, was sie benötigt, um glückliche Urlaubstage zu verleben: eine immer wärmende Sonne, ein türkisfarbenes, wohltemperiertes Mittelmeer entlang einer 1800 km langen Küste, milde Nächte, in

◄ Die 1800 km lange Küste Sardiniens lockt mit türkisfarbenem, glasklarem Wasser (► S. 51).

denen sich die kulinarischen Attraktionen am besten unter freiem Himmel genießen lassen. Aber keine Angst: Auch wenn Sie nicht die einzigen Touristen auf Sardinien sein werden, gibt es auf den 24 000 qm Fläche immer ruhige Plätze, Orte der Stille und menschenleere Landschaften. Die Menschen, die auf dieser Insel zu Hause sind, unterscheiden sich von den Menschen auf dem italienischen Festland. Es ist dieser Stolz, der einen immer wieder fasziniert. Es ist ein Stolz gepaart mit großer Gastfreundschaft, Fröhlichkeit bei gleichzeitiger Zurückhaltung. Spricht man als Tourist vielleicht auch noch ein paar Brocken Italienisch oder sogar Sardisch, so wird man schnell die wahre sardische Seele entdecken können. Nicht selten bedanken sich die Insulaner mit großer Achtsamkeit und Hilfsbereitschaft. Und wenn man dann wiederkommt und ihr Vertrauen gewinnt, hat man Freunde fürs Leben gefunden.

GRANDIOSE NATURBÜHNE

Wer auf dieser Insel Urlaub macht, sollte vor allem eines nicht unterschätzen: die Distanzen. Von Norden nach Süden dehnt sich Sardinien immerhin 270 km aus, von Westen nach Osten 145 km. Gäste, die ihren Urlaub nur an den strahlenden Stränden und in einer heilen Hotelwelt verbringen, die ihnen alle gewohnten Annehmlichkeiten bietet, denen wird die wahre Schönheit und die Seele Sardiniens verschlossen bleiben. Ein Auto ist also fast unumgänglich, will man die grandiose Natur, die unterschiedlichen Städte und die faszinierende jahrtausendealte Kultur wirklich erleben und entdecken.

Im Süden der Insel, zwischen Cagliari und Villasimius, liegen von großen Findlingen malerisch eingerahmte Strandbuchten; abgelöst werden sie von weißen, weiten Sandstränden, die karibisch anmuten. Im Inselinneren um Barùmini finden sich sattgrüne Landschaften und im Norden von der Sonne verbranntes Weideland. Knorrige Korkeichenwälder dominieren das Gebiet um den Stausee Lago del Coghinas. Fast dramatisch wirken die Klippen der Steilküste bei Capo Testa. In den kahlen Gebirgslandschaften im Sopramonte treffen Freizeitsportler mitunter auf Mufflons, in den Tropfsteinhöhlen bei Arbatax Stalaktiten auf Stalagmiten und schließlich die türkis schimmernden Wellen des Mittelmeers auf die Küste.

Die Bauern, die auf dieser großen Naturbühne zu Hause sind, bestellen ihr Land in altgewohnter Manier: Liebevoll angebaute Rebstöcke, von den Strahlen der warmen sardischen Sonne verwöhnt, bringen rote und weiße Weine hervor. Der geschmackvolle Schafskäse stammt von der Milch sardischer Schafe, die genügsam im Schatten knorriger Olivenbäume grasen. In den Restaurants an den Küsten werden fangfrischer Fisch und Meeresfrüchte serviert, im Landesinneren kommen deftige Spezialitäten wie Wildschwein, Spanferkel und Lamm auf den Tisch.

MONDÄNES SCHAUSPIEL

Großes Kino ist im Norden an der berühmten Costa Smeralda geboten – dort, wo die luxuriösen, blank gewienerten Jachten aus unterschiedlichen Ländern ihre Anker werfen, Butler ihren Herrschaften an Deck den Fünf-Uhr-Tee kredenzen und die High Society in Traumvillen ihre Partys feiert. Protagonist des Schauspiels an dieser Küste, die ihren Namen dem smaragdfarbenen kristallklaren Wasser verdankt, ist Porto Cervo mit seinen exklusiven Geschäften, Edel-Restaurants und Nobelherbergen. Es ist ein komplett künstliches Dorf, entstanden aus einer einzigen Hotelanlage – immerhin alles im sardischen Stil. Diese elitäre, künstliche Welt schuf der Ismaelitenprinz Karim Aga Khan in den 1960er-Jahren für sich und andere betuchte Erholungssuchende. Seit dieser Zeit schreibt hier die High Society – und die, die meinen, sie gehören dazu – ihre eigene kleine Gesellschaftsgeschichte.

AUTHENTISCHE INSELWELT

Von einer weniger glamourösen Seite, dafür umso ursprünglicher, zeigt sich der Rest Sardiniens. Die Stadt Olbia im Norden ist eigentlich hauptsächlich Hafen, Sassari ist eine Industriestadt mit hübschen Bauten aus der Zeit des Mittelalters und vielen Studenten, die jungen und frischen Wind in die Stadt tragen. Im Westen liegt Stintino, wo Menschen eher selten zu finden sind. Etwas südlich davon befindet sich Alghero, die Stadt, die für ihr weiches intensives Licht gerühmt wird und in der schon das italienische Königshaus die Sommerfrische stilvoll zu zelebrieren wusste. Oristano, eine kleine Stadt im Westen, ist nett, aber eher unaufgeregt.
Die große Inselmitte hat bemerkenswerte Vorzüge: die Berge, die »Barbagia«, das Land der Barbaren, wie es die Römer nannten. Hier entstanden die berühmten »murales«, politische Malereien an Hauswänden, mit denen die Menschen ihrem Protest an Staat und Gesellschaft Ausdruck verliehen. Die Stadt Nuoro gibt sich einen melancholischen Anstrich, die Ostküste bei Arbatax hingegen lockt Familien an, denn das Meer hier ist warm und flach – für einen Badeurlaub mit Kindern ideal. Reizvoll sind

auch die Küsten im Süden und Südosten: Bei Chia und an der Costa Rei laden lange, weiße Sandstrände zu einem erholsamen Tag am Meer ein.

GESCHÄFTIGE HAUPTSTADT

Ebenfalls im Süden wartet Cagliari, die Hauptstadt Sardiniens. Vor vielen Tausend Jahren erbaut, näher an Tunis als an Rom gelegen, erwacht hier steinerne Geschichte zum Leben. Neben prächtigen Kirchen und verwitterten Palazzi in den Altstadtgassen hat in den belebten Haupteinkaufsstraßen längst die Neuzeit Einzug gehalten. In dieser Stadt mit ihren knapp 170 000 Einwohnern begegnet einem der typisch mediterrane Alltag: Lautstark hupend kurven Autos durch die engen Straßen, strömen an einem vorbei und erzeugen die so typische Geräuschkulisse, die zu allen sardischen Städten dazugehört. Autos und Mopeds röhren vor allem während der Hauptverkehrszeiten über die großen Straßen, die Menschen sind geschäftig, manche sogar im Stress, denn wie viele wollen sie so schnell wie möglich nach Hause. Wer es nicht ganz so eilig hat, nimmt noch, bevor es an den heimisch gedeckten Tisch geht, mit Geschäftsfreunden einen Feierabenddrink in einer der zahlreichen Bars der Stadt. Einer der großen Anziehungspunkte Cagliaris ist das Castello inmitten der Stadt. Man muss schon ein bisschen Ausdauer mitbringen, um die Stufen zur Bastione San Remy hinaufzupilgern. Aber oben angekommen, erreicht man das Dach der Cagliaritanischen Welt: Von hier aus genießt man einen atemberaubenden Blick über die gesamte Stadt und das Hinterland mit seinen Salinen, Lagunen und landwirtschaftlichen Flächen. In Cagliari finden Sie sicher keine typisch touristische Welt. Hier spürt man das echte Leben, in das man eintauchen und sich ein bisschen zugehörig fühlen kann.

Doch kaum hat man die Stadt verlassen, umfangen einen bald darauf wieder die Stille und der Zauber der urwüchsigen sardischen Landschaften, denen sich der Besucher einfach nicht entziehen kann.

DIE AUTORIN

Friederike von Bülow ist freie Reisejournalistin. Sie reiste 1982 erstmalig nach Sardinien, um die Sprache zu lernen – und vor allem das Leben zu studieren. Seitdem kehrt sie regelmäßig auf die Insel zurück, um Freunde zu besuchen, in das ihr so vertraute sardische Leben einzutauchen, Energien zu tanken und begeistert die vielen Veränderungen auf der Insel zu beobachten.

MERIAN TopTen

Diese Höhepunkte sollten Sie sich bei Ihrem Besuch auf keinen Fall entgehen lassen: Ob Capo d´Orso, die Strände von Chia oder Cagliari – MERIAN präsentiert Ihnen hier die wichtigsten Sehenswürdigkeiten Sardiniens.

★ Capo d'Orso
Zum Capo d'Orso – dem »Bärenkap« – gehört der berühmteste Felsen der Insel, der zugleich Wahrzeichen der Region Gallura im Norden Sardiniens ist. Die Form des Felsens erinnert an einen Bären (▶ S. 72).

★ Capo Testa
Wenn die Sonne glutrot im Meer versinkt, ist die Stimmung auf der Felsenhalbinsel besonders schön (▶ S. 72).

★ San Francesco, Alghero
Mitten in der Stadt gelegen, ist die Kirche San Francesco mit ihrem Kloster eine Oase der Ruhe (▶ S. 82).

★ Bosa
Die Prachtstraße Corso Vittorio Emanuele und der romantische Hafen von Bosa laden zu einem Stadtbummel ein (▶ S. 85).

★ Grotta di Nettuno
Im Inneren der Erde erwartet Sie ein großer See und ein Reich an Stalagmiten und Stalaktiten. Die Grotta di Nettuno ist eine der schönsten Tropfsteinhöhlen Sardiniens (▶ S. 87, 130).

★ Bastione San Remy, Cagliari
Wenn Sie diese Bastion erklimmen, haben Sie einen grandiosen Blick über die Dächer Cagliaris (▶ S. 98).

7 Strand von Chia

Weißer, weicher Sand, blaues Wasser, Dünen und ein sattgrünes Hinterland – am Strand von Chia an der Südküste Sardiniens fühlt man sich ein wenig wie in der Karibik (▶ S. 103, 126).

8 Su Nuraxi bei Barùmini

Die wohl anschaulichste und am besten erhaltene Nuraghenanlage bietet einen Einblick in das einstige Leben der Nuragher. 1997 wurde die Anlage zum UNESCO-Weltkulturerbe ernannt (▶ S. 108, 128).

9 Grotta di Su Marmori

Sie zählt zu den größten und beeindruckendsten Grotten der Insel. Ihre Tropfsteine sind bis zu 12 m hoch. Im Inneren herrschen Temperaturen von kühlen 10 °C (▶ S. 114).

10 Monte Ortobene bei Nuoro

Von dem 955 m hohen Berg bietet sich der schönste Blick auf Nuoro und die Barbagia mit ihren Schafen, Ziegen, Mufflons und Esel (▶ S. 121).

MERIAN Momente
Das kleine Glück auf Reisen

Oft sind es die kleinen Momente auf einer Reise, die am stärksten in Erinnerung bleiben – Momente, in denen Sie die leisen, feinen Seiten der Insel kennenlernen. Hier geben wir Ihnen Tipps für kleine Auszeiten und neue Einblicke.

Köstliche Weine ☞ D3

Hier in der Vermentino-Region werden die großen sardischen Weine gemacht! Inmitten dieser Region liegt Berchidda. Wie dieser bekömmliche und schmackhafte Wein gemacht wird, erfahren Sie im Museo del Vino – zugegebenermaßen kein architektonisches Wunderwerk. Aber hier erfährt man einiges über Landwirtschaft, Wein- und Korkanbau. Nach der Theorie die Praxis: In der Cantina Giogantinu vermarkten die Weinbauern ihre Produkte. Und wer alle Sinne verwöhnen

möchte, sollte im August nach Berchidda kommen: Dann findet hier das Festival »Time in Jazz« statt.

Tauchen Sie ab in eine ganz andere Welt ☞ D3

In die der einstigen Banditen der Gallura. Das anmutige Bergdorf Aggius war bis Mitte des 19. Jh. der zentrale Treffpunkt von gefürchteten Verbrechern und Banditen, die ihr Leben mit ihrem ganz speziellen »Kampf für Gerechtigkeit« verbracht haben. Die Banditen sind weg, die gefühlte Abgeschiedenheit vom Rest der Welt ist geblieben. Nach wie vor hat ein Großteil der Häuser mit ihren unverputzten Granit-Fassaden das Erscheinungsbild eines typischen Gallura-Dorfes. Besonders reizvoll ist das »centro storico«, der alte Ortskern. Gleich hinter Aggius scheinen sich Felsen, mal wuchtig, mal zackig, gen Himmel zu strecken. Der Granitzinken des Monte Sozza ist 790 m, der des Monte Croce 683 m hoch.

Gesundheit aus der Natur
D3

Auch auf Sardinien kann man noch Quellwasser trinken, dem sogar Heilkräfte nachgesagt werden. Aus den Fonti di Beddoro, südlich von San Pantaleo, sprudelt das Quellwasser – und das nitratfrei. Es soll vor allem für Babys und Kleinkinder geeignet sein.

Ein Exkurs in die Welt der Kunst
D3

In San Pantaleo, einem kleinen Dorf mit bunten Häusern, siedeln sich immer mehr Künstler an. Interessante Gespräche ergeben sich in den kleinen Bars rund um die Piazza Vittorio Emanuele. Dort trifft man die Künstler häufig. Von Mai bis Mitte September

findet donnerstags von ca. 10–12 Uhr ein Markt statt, auf dem einige Künstler ihre Werke präsentieren.

Romantischer Sonnenuntergang
B4

Sie sollten dieses unglaublich warme Licht, diese Stimmung in Alghero erleben. Starten Sie Ihren romantischen Abend auf der Piazza Sulis in Richtung Uferpromenade in den frühen Abendstunden. Und um den Genuss des Sonnenunterganges perfekt zu machen, gönnen Sie sich einen Cocktail in der Buena Vista Bar. Romantischer geht es definitiv kaum.

Verfall kann auch schön sein
C7

Vor allem, wenn man ihn in Montevecchio mit dem Fotoapparat erlebt. In dem einstigen Bergarbeiterdorf sind die Minen geschlossen, die Förderbänder stehen still, die Anlagen verfallen langsam. Von Mitte des 19. Jh. bis in die 60er-Jahre des vergangenen Jh. wurden Blei und Zink abgebaut – Montevecchio gehörte einst zu den führenden Minen in ganz Europa. Heute sind es die Leblosigkeit und die Stille der Anlagen, die faszinieren. Ein großartiges

einen grandiosen Blick über die gesamte Küstenregion hat. Das Wasser ist türkisfarben, der Strand gelb und weich. Der Geruch der Macchia wechselt mit dem des Meeres. Touristen sind hier selten zu finden. Übrigens: An diesem Strand wurde ein Teil des Kinofilms »Der schwarze Hengst« mit Mickey Rooney gedreht!

10 Ein kleines Stück Sardinien für Zuhause? C7

In dem kleinen Städtchen Villamassargia im Südwesten der Insel werden sardische Teppiche, Decken und Vorhänge hier und da noch per Hand an den großen Webstühlen in den Privathäusern gewebt. Hier findet man noch sardische Originale, die nicht in den Touristengeschäften landen. Die Teppiche – auch häufig Wandteppiche – sind meist mit farbigen Motiven wie beispielsweise Blumen, Vögeln oder Wildschweinen versehen, manchmal mit geometrischen Mustern wie zum Beispiel Rhomben. Die gewebten Decken hingegen sind in der Regel eher weiß und ohne farblich abgesetzte Motive. Wer sich mehr für Natur interessiert, kann in Villamassargia übrigens auch noch sehr große jahrhundertealte Olivenbäume bewundern. Der Olivenhain S'Ortu Mannu liegt ca. 5 km außerhalb des Ortes.

Szenario in der langsam untergehenden Sonne.

7 Was für ein Ausblick! B5

Gehen Sie südlich von Porto Alabe entlang der Felsküste bis zur Torre Columbargia und genießen Sie die sensationellen Blicke aufs Meer, atmen Sie die unvergleichliche Luft. Anderthalb Stunden unvergessliche Romantik pur.

8 Toskana-Feeling C4

Südlich von Sassari bietet sich Schlichtheit und Stille im toskanischen Gewand. Die Basilica della Santissima Trinità di Saccaragia ist eine beeindruckende kleine Kirche aus weißem Kalk und schwarzen Basalt – typisch toskanisch gestreift eben. Die Kirche aus dem 12. Jh. steht im einsamen Tal des Riu Murroni und ist mit ihrem 41 m hohen Glockenturm weithin sichtbar. Die Fassade ist mit byzantinischen Fresken geschmückt, der Innenraum ist schlicht und verströmt eine ehrwürdige Stille.

9 Dünen, Strand und schöne Blicke B7

An der Costa Verde liegt Spiaggia Scivu, ein herrlicher Strand, an dem man

11 Reife Kaktusfrüchte

Wenn Sie im September im Landesinneren Sardiniens sind, sollten Sie sich mit einer alten Zeitung und einer Papiertüte bewaffnen und jetzt die reifen, köstlich süßen Kaktusfrüchte ernten. Die erntereifen Früchte sind gelb bis rötlich, manchmal ins bräunlich gehend. Die grünen Früchte sind noch unreif und schmecken relativ fad. Umfassen Sie diese köstlichen Früchte mit der Zeitung (Achtung: Nicht mit bloßen Händen ernten!) und transportieren Sie sie dann in der Papiertüte. Die Früchte schmecken frisch am besten und darüber hinaus sind sie extrem gesund: Sie beinhalten zum Beispiel viel Calcium, Vitamin B und C. Schneiden Sie die Früchte der Länge nach auf und löffeln Sie das Fruchtfleisch heraus. Die Kerne können mitgegessen werden. Im Kühlschrank halten sie bis zu einer Woche. Sie sollten allerdings ca. 1 Stunde vor dem Genuss aus dem Kühlschrank genommen werden, damit sie ihren Geschmack entfalten können.

12 Waldeinsamkeit statt überfüllte Strände ⚐ E 4

An heißen Tagen, an denen Ihnen die Strände zu voll sind, fahren Sie am besten in das Waldgebiet Montalbo mit Steineichen, großen Ahornbeständen, Orchideen und einer fantastischen Tierwelt. Mit viel Geduld und Beharrlichkeit kann man hier seltene Tierarten wie zum Beispiel das Mufflon, den Siebenschläfer und Wildkatzen sehen. Ein Stück Erde, kühl und einsam. Perfekt für ein Picknick und ein Natur-Fotoshooting.

13 Mit dem Jeep auf Entdeckungstour ⚐ D 5

Was für ein unglaubliches Erlebnis: Erkunden sie Orgòsolo und das Inselinnere mit einem Jeep. Da fährt man über Schotterpisten, die kaum auf einer der üblichen Landkarten zu finden sind. Mal geht es holperig und abenteuerlich zu, mal ruhig und besonnen. So entdecken Sie ganz abgelegene Ecken der Insel. Und wenn man nicht selbst fahren muss, kann man die Touren zu Nuraghen, in Schluchten und auf Berggipfel noch viel mehr genießen, kann man mit allen Sinnen die Fahrten durch die Abgeschiedenheiten erfahren. Das wichtigste Utensil: die Kamera. Diese sollten Sie auf gar keinen Fall vergessen. Fürs Picknick wird ebenfalls gesorgt.

NEU ENTDECKT
Worüber man spricht

Sardinien befindet sich stetig im Wandel, Sehenswürdigkeiten werden eingeweiht, Attraktionen eröffnen, die Insel verändert ihr Gesicht, durch neue Museen, Restaurants und Geschäfte erlangen ganze Landstriche neue Attraktivität. Hier erfahren Sie alles über die jüngsten Entwicklungen – damit Sie keinen dieser aktuell angesagten Orte verpassen.

◄ Chiara Vigo webt Stoffe aus goldener Muschelseide (► S. 17).

SEHENSWERTES

Museo del Bisso 🦪 B 8

Byssus – so nennt sich die goldene Muschelseide, produziert von der Großen Steckmuschel. Chiara Vigo, eine durchaus charismatische Sardin auf der Insel Sant'Antioco, sagt, sie sei die letzte Person, die Bisse herstellt. Für sie ist es der Stoff ihres Lebens, ein Stoff, der schon vor Urzeiten zur Veredlung königlicher Gewänder verwendet wurde. Ihr Museum, in dem sie auch ihre Arbeiten zeigt, ist beeindruckend. Zum Museum gehört auch ein Shop.

Sant'Antioco | Viala Regina Margherita 111 | www.chiaravigo.com | geöffnet tgl. 9.30–2.30 und 16–20 Uhr | Eintritt frei

ÜBERNACHTEN

Faro Capo Spartivento 🦪 C 8

Was für ein Luxus – Nur den Wind und das Meer zu hören und den Horizont im Blick zu haben. Der Leuchtturm vom Capo Spartirento wurde 1856 gebaut, hat eine wechselvolle Geschichte erlebt, um jetzt als klitzekleines Luxusresort nur wenigen Touristen für eine Zeit ein Zuhause in absoluter

Einsamkeit zu sein – ein luxuriöses Zuhause mit nur sechs herrlichen Suiten, Pool und einem Spitzenrestaurant.

Capo Spartivento | 6 Suiten | www.farocapospartivento.com

La Coluccia 🦪 D 2

Romantische Zweisamkeit – Ein kleines Designhotel des Architekten Julio Cesar Ayllon mit 45 Designerzimmern – am besten für Romantiker geeignet, die Zweisamkeit lieben und sie leben möchten. Das Haus hat vor allem zwei Highlights: das Hamam und das Restaurant mit ausschließlich regionaler Küche. Hervorragende sardische Weine sind für das Vier-Sterne-Haus der Philosophy-Hotelgruppe selbstverständlich.

Santa Teresa di Gallura | Loc. Conca Verde | www.lacoluccia.it

Tenuta Pilastru 🦪 D 3

Edel eingerichtete Steinhäuser – Mit der Bezeichnung »agriturismo« verband man vor kurzer Zeit noch eher dürftige und rudimentäre Unterkünfte. Das hat sich auf Sardinien geändert. In der Tenuta Pilastru wohnt man in edel eingerichteten Steinhäusern, wird mit bester sardischer Küche verwöhnt, und darüber hinaus gibt es einen edlen Wellness- und Spa-Bereich.

Loc. Pilastru (km 5 an der Straße von Arzachena nach Bassacutena) | Tel. 0 78 98 29 36 | www.tenutapilastru.it

Villa Cala Caterina 🦪 E 8

Mediterranes Flair – Ein Haus der Ruhe, der Eleganz, des Wohlfühlens mit einem angenehm dezenten Service. Die warmen Farben des 48-Zimmer-Hotels strahlen mediterranes Flair aus.

Besonders genussvoll ist hier das Früh-stück im halb offenen Wintergarten. Die Zimmer des orangefarbenen Be-reichs sind die besten, da sie über einen schattigen Balkon verfügen. Meiden Sie den blauen Trakt! Hier wird es sehr heiß.

Villasimius | Via Lago Maggiore 32 | www.calacaterina.com

ESSEN UND TRINKEN

Al '906 Operaio   B 7

Tolles Panorama – Einst Depot für Sprengladungen, dann Bar und jetzt ein Restaurant, in dem man sich trifft, um bei einem Aperitif und beispielsweise einer Pizza den Sonnenuntergang zu be-trachten. Es ist schwer, dafür eine schö-nere Location zu finden. Das Auto stellt man am besten am Beginn des Panora-maweges ab (Höhe Fußballplatz).

Nebida | Panoramaweg Belvedere | Tel. 03 38/9 16 53 88

Gordon Ramsey   C 8

Sardischer Gourmettempel – Ein Res-taurant der absoluten Spitzenklasse. Der Chefkoch des Restaurants ist ein Brite, der sich ganz der sardischen Küche verpflichtet fühlt. Serviert werden nur frische und einheimische Produkte der Insel. Gespeist wird auf einer edlen Terrasse.

Pula | www.fortevillage.com | 19.30–23 Uhr

Phi Beach   D 2

Aperitif bei Sonnenuntergang – Tren-diger Treffpunkt für alle, die schöne Ausblicke, Menschen und Musik mö-gen – vor allem zu Sonnenuntergangs-zeiten. Das Phi Beach ist so ziemlich alles: Restaurant, Bar, Event-Location, Club – aber vor allem ein brillantes Aperitif-Plätzchen.

Baja Sardinia | www.phibeach.com

EINKAUFEN

Caseificio Perfugas   C 3

In der Käserei erhält man den echten Pecorino sardo – den sardischen Schafskäse. Zu empfehlen ist der milde und junge Pecorino sardo dolce. Er-hältlich ist hier auch der jahrelang ge-reifte Pecorino sardo maturo.

Perfugas | Via Cavalotti | Geöffnet 9–13 Uhr | 17–20 Uhr | Tel. 0 79 56 40 86

Sorelle Piredda   ▶ Klappe hinten, c 3

Vier Schwestern – ein Traum: die his-torischen Motive der sardischen Mode ins Heute zu transferieren. Das Ergeb-nis ist beeindruckend: Ob Abend- oder Cocktailkleid – die Schwestern Piredda verarbeiten angenehme, teilweise herr-lich fließende Stoffe in größtenteils warmen Farben.

Cagliari | Piazza San Giuseppe 4 | www.sorellepiredda.com | Termin nach Vereinbarung

FESTE

Weinfestival   D 2

Anfang Mai gibt es ein Weinfestival in ausgewählten Luxushotels von Porto Cervo. Die besten Winzer Italiens prä-sentieren hier ihre Spitzenweine. Das Festival wurde von den Starwood Ho-tels initiiert und soll sardische und ita-lienische Weinproduzenten fördern.

Porto Cervo | www.portocervowine festival.com

Foodfestival   D 2

Während des Foodfestivals in Porto Cervo kann man sich die Kochkünste von Spitzenköchen anschauen, von ihnen lernen. Man kann sich einfach verwöhnen lassen oder auch beim Schaukochen zusehen. Die unterschiedlichen Veranstaltungen finden zeitgleich ca. Mitte September in den besten Hotels von Porto Cervo wie beispielsweise Cala di Volpe und Cervo Hotel statt.

Porto Cervo | www.portocervofood festival.com

AKTIVITÄTEN

Reiterhof Costa Smeralda D3

Direkt an der Costa Smeralda bietet ein Reiterhof ganzjährig Reitferien für Anfänger, Fortgeschrittene und Kinder an. Möglich sind stationärer Reitunterricht sowie Ausritte unterschiedlicher Länge durch Wälder und am Strand entlang. Der Hof bietet seinen Gästen gemütliche Blockhütten mit Terasse.

Cannigione | Pegasus-Reiterreisen | Fr. Jessica Kiefer | www.reiterreisen.com/ samsta.htm

Segway-Rundfahrten D7

Durch Sardiniens Hauptstadt Cagliari kann man jetzt auch mit dem Segway düsen! Sie starten direkt an der Molo Sanità im Hafen mit einer Einführung und einem Probestart. Anschließend können mit einem Audioguide die Stadt selbstständig erfahren.

Mietstation Molo Sanità | www.new waysardinia.it

Weitere Neuentdeckungen sind durch dieses Symbol gekennzeichnet.

Auf der Terasse des Phi Beach (▶ S. 18) in Baja Sardinia kann man einen Aperitif mit schönem Ausblick genießen.

SARDINIEN
ERLEBEN

Frischer Fisch und Meeresfrüchte schmecken besonders an der Küste (▶ S. 27).

ÜBERNACHTEN

Ob Luxushotel, Ferienwohnung oder Bauernhof: Der Großteil der Übernachtungsmöglichkeiten auf Sardinien eröffnet seine Saison meist im Mai und beendet sie im Oktober. Vor allem im August besteht selten eine Chance, ohne Vorausbuchung ein Zimmer zu ergattern.

Wer mit seiner Familie unter sich sein möchte, hat die Auswahl zwischen einer Ferienwohnung oder einer luxuriösen Villa mit eigenem Pool. Oder man mietet sich in kleinen, familiär geführten Pensionen ein. Häufig steht hier »la mamma« noch selbst am Herd und bekocht ihre wenigen Gäste. Derartige Unterkünfte finden sich überwiegend im Inselinneren und an Küstenabschnitten, an denen die großen Hotels noch keinen Einzug erhalten haben. Das Ferienleben dort ist meist preiswerter, das Essen typisch sardisch.

LUXUSHOTELS UND AGRITURISMO-HÖFE

Großer Luxus mit allem, was das Herz begehrt, wird vor allem an den Küsten, allen voran im Norden, an der Costa Smeralda geboten. Nur einige wenige Häuser bieten diesen Urlaubswert noch in Alghero und im Sü-

◄ Luxuriöse Unterkünfte sind vor allem
an der Costa Smeralda zu finden (► S. 22).

den, nahe Cagliari. Wer nichts missen möchte, ein großes Sportangebot sowie ein opulentes europäisches Frühstück und beste Küche genießen will, ist hier genau richtig. Der Service ist meist zurückhaltend, sehr korrekt, aber dafür manchmal auch eher unpersönlich. Wer in die sardische Natur eintauchen will, sich lokal und authentisch verwöhnen lassen möchte, kann sich eine Unterkunft in einem der **Agriturismo-Höfe** buchen. Sie liegen meist im Inselinneren und bieten heute größtenteils zwar noch keinen Luxus, sind aber durchaus vor allem für Familien empfehlenswert. Einige bieten Sportprogramme, andere haben zahlreiche Tiere. Hotels und Pensionen werden wie überall in Italien nach Sternen (von 1 bis 6) eingestuft. Die Sechs-Sterne-Hotels entsprechen der Luxusklasse. Die meisten und besten Häuser haben sich an den Küsten angesiedelt – vor allem im Norden Sardiniens. Generell müssen Sie damit rechnen, dass die Unterkünfte hier teurer sind als im Süden. Die preiswertesten finden sich hingegen meist im Inselinneren. Die angegebenen Preise sind in der Regel Preise pro Person und Nacht inklusive Frühstück. Und das ist in den größeren Hotels größtenteils dem europäischen Standard angeglichen. Typisch italienisches Frühstück erhält man in Pensionen oder familiär geführten kleinen Häusern. Pro Nacht kosten sie ab 40 €. Ferienwohnungen gibt es auf der gesamten Insel. Die Preise richten sich nach der Ausstattung und starten bei etwa 150 € pro Woche. Infos findet man bei Joachim Wassmann (www.wassmann.de) und bei Sardinienhaus (www.sardinienhaus.com). Wer das Besondere liebt, findet unter www.sardegna-verde.de exklusive Villen und Ferienhäuser an den schönsten Küsten. Klein, aber fein ist das Angebot der Münchner Designreisen (www.designreisen.de). Wer sich für eine Unterkunft auf einem Bauernhof interessiert, ist gut bei dem Anbieter www.agriturismo.it aufgehoben.

BESONDERE EMPFEHLUNGEN

Hotel Parco Torre Chia 🛉🕺   🚤 C 8

Bestes Preis-Leistungs-Verhältnis – Das Hotel Parco Torre Chia ist zwar ein typisches Urlaubshotel am Meer. Dennoch punktet es mit vielen Vorzügen – vor allem, wenn man Ferien mit Kindern machen möchte. Hier macht man Urlaub an einem der schönsten Küstenabschnitte Sardiniens und hat darüber hinaus die Nähe vor allem zur Hauptstadt Cagliari. Die Anlage wurde unaufdringlich im Stil eines Dorfes gebaut, die Zimmer sind praktisch und mit warmen sardischen Farben eingerichtet. Wohnt man im Obergeschoss, kann man schon morgens auf das unglaubliche Blau des Meeres schauen. Im Erdgeschoss steht man stattdessen inmitten des eigenen Gartens und riecht den Duft der Vegetation. 20 Zimmer des Hauses haben eine Verbindungstür zum Nebenzimmer, es wird Kinderbetreuung nebst Kinderrestaurant geboten und reichliche Sport- und Freizeitvergnügen. Im Restaurant essen die meisten Gäste leger und international vom Buffet. Wer aber genau hinschaut, der bemerkt die kleinen und feinen sardischen Gerichte und Weine. Chia, Domus de Maria | Viale Mediterraneo | Tel. 07 09 23 05 33, www.hotelpar cotorrechia.com | 234 Zimmer | €€

Is Arenas 🚩 B 5

Eleganz am Meer – Puristen lässt der Anblick dieses Hauses das Herz höher schlagen: Das Is Arenas bei Oristano zeigt klare Formen und modernes Ambiente. Nur selten findet man in Zimmern und Suiten Schnörkel und Schnickschnack. Das Interieur ist präzise ausgerichtet – ob im Restaurant, der Bar oder am Pool. Das Besondere ist jedoch die Lage des Hauses: inmitten eines duftenden Pinienhains an einem grandiosen Strand! Auch für Golfspieler ist dieses Haus eine gute Adresse. Der 18-Loch-Platz zählt zu den besten Italiens. Er ist so schön, dass selbst eingefleischte Nichtgolfer Lust bekommen, einen Ball übers Grün kullern zu lassen. Abends warten in den zwei Restaurants bereits die gedeckten Tische. Küchenchef Gianluca Braglia hat ein grandioses Konzept: Da gibt es zum einen die reine sardische Küche. Dann entwickelte er Gerichte für diätetische Menüs. Und der Clou: Es ist möglich, die Gerichte der Mehrgänge-Menüs einzeln, als kleine Portionen, zu bestellen. So endet ein aktiver Ferientag mit einem angenehm gefüllten Magen. Pineta Is Arenas | SS 292 km 113 | 09070 Narbolia (OR) | Tel. 07 83 52 90 11 | www.golfhotelisarenas.com | 58 Zimmer und Suiten, 78 Villen | €€€

Su Gologone 🚩 D 5

Ein sardisches Idyll – Es duftet nach Blumen und Gewürzen, und es ist ruhig hier, inmitten der Barbagia zwischen Nuori und Oliena. Die weiße Villa fügt sich in die umliegende Gebirgslandschaft des Sopramonte. Im Haus Su Gologone – übrigens der Name einer 400 Meter tiefen Wasserquelle, – soll sich jeder Gast so wohl fühlen wie zu Hause. Das ist der Traum von Familie Palimodde, die in den 1960er-Jahren das Haus – zunächst als Restaurant – erbaut hat. Die Gäste wohnen in vier unterschiedlichen Trakten, die Häuser sind sardisch weiß getüncht, individuell ausgestattet mit optisch warmen, angenehmen Möbeln und Materialien. Im Restaurant werden sardische Spezialitäten serviert. Wer mutig ist, versucht das «Barbagia-Menü». Es besteht aus zehn Gängen und deckt die wichtigsten kulinarischen Besonderheiten Sardiniens ab. Das Haus ist nichts für Strandlieger. Es ist für Menschen, die dezent umsorgt werden möchten. Die vielleicht einen der Koch-, Brotback- oder Malkurse besuchen möchten, die an Outdoor-Aktivitäten Interesse haben, die vielleicht auch mal am Pool liegen wollen, um die sardische Sonne zu genießen. Oliena | Tel. 07 84 28 75 12 | www.sugo logone.it | 68 Zimmer und Suiten | €€€

Residenza Borgo Punta Villa ⚓ D 2

Helle Apartments – Mit allem, was das Herz begehrt, ruhig gelegen und dennoch zu Fuß vom Stadtzentrum entfernt: Das relativ neue Hotel auf der Insel Maddalena ist perfekt für Urlauber, die sich in einer Ferienwohnung selbst versorgen möchten, aber dennoch ein bisschen Hotelleben genießen wollen – wie zum Beispiel Wäscheservice, W-LAN oder einen Pool. Zu jedem der hellen Apartments in der Residenza Borgo gehört eine eigene Terrasse oder ein Balkon.

La Maddalena | Via Chiusedda | www.puntavilla.it | €€

Is Benas Country Lodge ⚓ C 5

Englische Landhausatmosphäre – In wunderschöner Lage mit reizendem Personal ist dieses Haus noch ein Geheimtipp, da es an der Westküste Nähe Oristano eher abgelegen von den üblichen Tourismusströmen gebaut wurde. Besonders schön sind die ebenerdigen Zimmer – die Garden rooms! Denn: Es ist ein Traum, schon gleich morgens in seinem »eigenen kleinen Garten« zu sitzen und die Stille zu genießen. Der Golfclub Is Arenas mit seinem 18-Loch-Golfplatz liegt 2 km entfernt. In der Nähe befinden sich zudem die Lagunen Is Benas und Sale e Porcus.

San Vero Millis | Loc. Benetudi | S. P. 10 Strada Mare Outzu Idu | www.isbenaslodge.com | €€€

Weitere empfehlenswerte Adressen finden Sie im Kapitel **SARDINIEN ERKUNDEN**.

Preise für ein Doppelzimmer mit Frühstück:

€€€€ ab 300 €	€€€ ab 150 €
€€ ab 70 €	€ bis 70 €

Das Restaurant Su Gologone (▶ S. 24) liegt inmitten der Barbagia zwischen Nuoro und Oliena. In diesem Idyll wird man mit kulinarischen Köstlichkeiten Sardiniens verwöhnt.

ESSEN UND TRINKEN

Eines steht fest: Die sardische Küche verheißt Genuss. Die Sarden sind zwar keine Gourmets; die ursprüngliche Hirtenküche ist durch italienische Einflüsse beeinflusst, aber die Zusammensetzung der Speisen erfreut auch verwöhnte mitteleuropäische Gaumen.

Einen normalen Arbeitstag beginnen die Sarden anders, als es bei uns üblich ist: mit einem Espresso in einer Bar um die Ecke. Was diese Sitte angeht, sind die Sarden dann wieder ganz italienisch, auch wenn sie es nicht immer sein wollen. Meist stehen sie an der Theke und rühren scheinbar Unmengen von Zucker in ihre kleine Espressotasse, um deren Inhalt dann in ein oder zwei Schlucken zu leeren. Die meisten haben es ziemlich eilig. Trotzdem herrscht eine angenehme Atmosphäre in diesen kleinen Bars. Wer in einer solchen Bar auch gleich frühstücken möchte, findet meist knusprige Cornetti und andere kleine Gebäckstücke.

FÜNF GÄNGE

Die Speisenfolge beim Mittag- oder Abendessen ist heute auf Sardinien dieselbe wie in Italien: Man beginnt mit einem »antipasto« (kalte Vor-

◄ Zu Feierlichkeiten bereiten die Sarden das
traditionelle Gebildebrot (► S. 27) zu.

speise), es folgt ein »primo« (erster Gang, meistens Teigwaren), dann kommt der »secondo« (zweiter Gang, Fleisch oder Fisch) mit den »contorni« (Gemüse, Salat), den Beilagen, die Sie immer extra bestellen müssen. Beim fünften und letzten Gang können Sie wählen zwischen den »dolci«, den Süßigkeiten, oder dem »formaggio«, dem Käse. Das ist die klassische Reihenfolge, die nur mit gutem Appetit und viel Zeit zu bewältigen ist.

SARDISCHE SPEZIALITÄTEN

Eine sardische Delikatesse ist die bernsteinfarbene »**bottarga**«, der getrocknete Rogen der Meeräsche. Er wird beim »primo« über die Spaghetti gestreut. Ein typischer »primo« ist auch »sa cassola«, eine Fischsuppe, oder die »mallureddus«, Grießklöße mit Safran. Als Hauptgericht serviert man im Landesinneren gern Wildschwein, Spanferkel oder Lamm. An der Küste wird viel Fisch gegessen. Als Nachspeise sollten Sie unbedingt den sardischen Schafskäse, den »**pecorino sardo**«, versuchen. Er schmeckt besonders gut, wenn er bereits mindestens ein Jahr gereift ist. Eine typische Süßspeise sind die »sebadas«, Teigtaschen, die mit Frischkäse gefüllt, mit Honig gewürzt und in Öl ausgebacken werden. Ein absolutes Muss ist der sardische »**mirto del contadino**«, ein Likör aus Myrtenbeeren. Brot steht natürlich auf jedem Tisch. Typisch ist das »**pane carasau**«, ein hauchdünnes Brot, das man wunderbar nebenher essen kann. Neben dem »pane carasau« gibt es in Sardinien noch eine weitere Brotspezialität: das »Gebildebrot«. Es wird aus einem Teig geformt, der aus Mehl, Wasser, Salz und ein wenig Backpulver besteht. Das Besondere daran: Mithilfe von diversen Feinwerkzeugen wie Schere und Skalpellen zaubern die Bäcker aus dem Klumpen Teig erstaunliche Kunstwerke.

»LA MAMMA« KOCHT

Wie auf dem Festland gibt es auch auf Sardinien drei unterschiedliche Arten von Restaurants: In einem »**ristorante**« werden Sie gedeckte Tische vorfinden. Dort ist es am teuersten, aber meistens ist die Qualität auch sehr gut. In der etwas einfacheren »**trattoria**« gibt es keine Speisekarte, sondern nur eine kleine Auswahl an Tagesgerichten. Und zuletzt gibt es natürlich noch die preiswerte »**pizzeria**«, in der – abgesehen von Pizza in allen Variationen – meist nur wenige Gerichte angeboten werden. Die

Hauptmahlzeit auf Sardinien ist das Abendessen, »la cena«. Es findet zwischen 19.30 und 23 Uhr statt. Mittags gehen die Sarden normalerweise nicht außer Haus essen, da die »mamma« für die ganze Familie den »pranzo«, das Mittagessen, kocht. Wenn Sie essen gehen, zahlen Sie nicht nur die Speisen und Getränke, sondern immer auch noch den »**coperto**«, das Gedeck. Pro Person beläuft es sich – je nach Restaurant – meist auf 1 bis 10 €. Die jeweilige Höhe lässt sich der Speisekarte entnehmen.

EDLE TROPFEN

Sardinien bietet eine große Auswahl an Weinen. Der Weinbau auf der Insel ist so alt wie die dortige Kultur. Zu den besten Tropfen gehören die Sorten aus der Region Gallura und die von den Weinbergen rund um Cagliari. Pro Jahr werden rund 2,8 hl Wein produziert. Die absoluten Spitzenreiter unter den insgesamt ca. 16 DOC-Weinen (DOC = Denominazione Origine Controllata) sind der rote **Cannonau** und die weißen **Vernaccia** und **Vermentino**. Leicht und bekömmlich schmecken der weiße Nuragus di Cagliari, Vermentino di Gallura und der Vernaccia di Gallura. Zu den kontrollierten DOC-Weinen gehören auch der Dessertwein Moscato di Cagliari und ein Sekt aus Muskatreben.

Da nur ein kleiner Teil der produzierten Weine in Flaschen abgefüllt wird, werden im Restaurant häufig offene Bauernweine angeboten, die zu probieren sich lohnt. Fragen Sie am besten nach einem »**vino da tavola**«, dann wird der offene lokale Wein ausgeschenkt.

BESONDERE EMPFEHLUNGEN
RESTAURANTS

Il Pavone   ▶ S. 83, a 3

Bestes Restaurant in Alghero – Die Sarden, ob im Norden oder Süden, halten dieses Restaurant seit Jahren für das beste in ganz Alghero. Es ist einfach ein Klassiker mit immer gleichbleibender hervorragender Qualität. Es ist aber auch einfach grandios, wenn man inmitten der Stadt auf einem der historischen Plätze sitzt und irgendwie plötzlich nicht mehr Tourist ist, sondern dazugehört. Lokale Spezialitäten werden ausgezeichnet veredelt, die Weine sind die besten Sardiniens.

Alghero | Piazza Sulis 3 | Tel. 0 79 97 95 84 | tgl. ab 19.30 Uhr, Mi geschl | €€€

Jaddhu   🦋 D 3

Spezialitäten im friedlichen Garten – Ein nahezu malerisches Refugium der Ruhe in den Hügeln rund um Arzachena. Das Essen ist liebevoll zubereitet und serviert. Reservieren Sie sich einen Tisch auf der Terrasse! Mit Blick auf die archaische Landschaft lassen sich die regionalen Köstlichkeiten am besten genießen.

Arzachena | Loc. Capichera | Tel. 0 78 98 06 36 | www.jaddhu.com | April bis Sept., tgl. ab 18.30 Uhr | €€

Lord Nelson ▶ Klappe hinten, westl. a 4

Versteckter Geheimtipp – Das Restaurant liegt ziemlich versteckt außerhalb des cagliaritanischen Trubels und ist nicht unbedingt beim Vorüberschlendern zu entdecken. Die meisten Besucher sind Sarden – Geschäftsleute, Freunde, Paare. Probieren Sie die Antipasti und den Fisch. Dazu ist einer der guten Rotweine zu empfehlen – lassen Sie sich beraten! Hier wird auch gern Englisch gesprochen.

Cagliari | Via Tevere 2 | Tel. 0 70 29 10 50

CAFÉS UND BARS

Antico Caffè ▶ Klappe hinten, d 4

Im Herzen von Cagliari – Dieses wundervolle Café liegt nicht nur inmitten der Hauptstadt. Es ist das Herz von Cagliari. Im Jahre 1855 eröffnete das Café, hier tranken schon Schriftsteller

Köstliche Weine

In der Vermentino-Region werden die großen sardischen Weine gemacht. Bei einem lohnenswerten Ausflug ins Museo del Vino in Berchidda erfahren Sie, wie die Weine hergestellt werden (▶ S. 12).

wie Grazia Deledda und D. H. Lawrence ihren Espresso. Und es gibt mehr als nur hausgemachte süße Köstlichkeiten.

Cagliari | Piazza Costituzione 10/11 | www.anticocaffe1855.it | tgl. ab 9 Uhr | €€

Weitere empfehlenswerte Adressen finden Sie im Kapitel **SARDINIEN ERKUNDEN**.

Preise für ein dreigängiges Menü:

€€€€	ab 100 €	€€€	ab 60 €
€€	ab 30 €	€	bis 30 €

Sardinien hat eine große Weinauswahl zu bieten (▶ S. 28). Seit über 30 Jahren erntet die Winzerei Fratelli Porcu in der Provinz Oristano ihre weißen Trauben.

Im Fokus
Brot und Käse,
die Grundnahrungsmittel der Sarden

Abgesehen vom sattgelben Sonnenlicht, türkisfarbenen Meer und tief-
roten Wein sollten Sie mindestens zwei Dinge zusätzlich genießen:
typisch sardisches Brot und den berühmten »pecorino sardo« –
Grundnahrungsmittel der sardischen Hirten.

Brot ist für die Sarden mehr als nur eine angenehme Sättigungsbeilage,
mit der man so herrlich das Olivenöl oder Saucen vom Teller aufsaugen
kann. Brot ist für die Sarden nach wie vor ein Hauptnahrungsmittel, eine
Spezialität der Insel. Seit Jahrhunderten werden der Anbau sowie die
Ernte des Getreides und die Herstellung der Brote gefeiert. Vermutlich
gibt es an die 100 verschiedene Sorten, denn jeder Landstrich, jedes Gebiet, jede Familie hat eigene Rezepte für die Herstellung der Brote. Jedes
Dorf feiert seine Feste wie beispielsweise Hochzeiten, Taufen oder religiöse Feierlichkeiten mit ihren ganz eigenen Brotkreationen, die durch ihre
ornamentalen Formen zu wahren Kunstwerken werden. Es kann Tage
dauern, bis diese **»pani artistici«**, die künstlerischen Brote, zu Tieren,
Wappen oder Girlanden geformt und mit Äpfeln sowie Nüssen verziert,
fertiggestellt sind. Der Legende nach suchten sardische Männer ihre zu-

◀ Ein leckerer Snack: Pane carasau (▶ S. 31)
mit Paprika, Oliven und Mozzarella.

künftigen Ehefrauen nicht etwa nach Schönheit oder möglicher Mitgift aus. Eines der wichtigsten Kriterien soll die Fähigkeit, gutes Brot zu backen, gewesen sein. Bis vor wenigen Jahren verfügten die Dörfer auch noch über einen dörflichen Gemeinschaftsbackofen, in dem vor allem für die gemeinschaftlichen Feierlichkeiten das festliche Brot gebacken wurde.

»NOTENPAPIER« – GRUNDLAGE VIELER HAUPTGERICHTE

Zu den heute berühmten Brotsorten Sardiniens gehört »pane carasau«. Es wird noch heute aus einem Hartweizengrießteig hergestellt und zweimal gebacken. Kommt es aus dem Ofen, ist es rund, hauchdünn und hart – daher rührt auch sein Zweitname »carta di musica« – Notenpapier. Es war in früheren Zeiten vor allem Hauptnahrungsmittel der Hirten, wenn sie wochenlang mit ihren Schafen und Ziegen in den Bergen unterwegs waren. Das Brot konnte, aufgrund seines durchgebackenen Zustandes, nicht verderben. Darüber hinaus kann aus einem »pane carasau« schnell ein leckerer Snack werden, wenn man es mit Olivenöl bestreicht, mit Salz, Pfeffer und etwas Rosmarin würzt. Noch heute wird das »pane carasau« hauptsächlich im Inselinneren hergestellt. Zu einem bäuerlichen Auflauf wird dieses Brot, wenn man es in heißem Wasser aufweichen lässt, es mit Käse, Ei und einer Tomatensauce zubereitet – zu einem »pane frattau«. Oder: Viele Bauern weichen das »pane carasau« in Ziegenbrühe auf und bestreuen es anschließend mit Käse.

Wem das »Notenpapier« zu dünn und bröselig ist, sollte die »pianata« versuchen. Es ist »die große Schwester« des »pane carasau«. Gebacken wird es ebenfalls aus Hartweizengrieß und aus zwei Teigen, die rund und in verschiedenen Größen ausgerollt in den Ofen geschoben werden. Der wichtige Unterschied: Die »spianata« ist weich und war damit für die Hirten unbrauchbar, da es aufgrund seines Feuchtigkeitsgehalts schnell schimmelig wurde. Es war das tägliche Brot der Bauern. Heute lieben es die Touristen, wenn sie das Brot beispielsweise mit Öl, Mozzarella und Tomaten oder mit Käse serviert bekommen. Wer Lust hat, kann sich das »pane carasau« auch zu Hause backen. Man benötigt für ca. acht Brote 250 g Mehl, 250 g Hartweizengrieß, 20 g Hefe, eine Prise Zucker und ein wenig Salz. Wenn Sie das Mehl und den Hartweizengrieß gemischt haben, rühren Sie die Hefe in einer Tasse mit Zucker und zwei Esslöffel Wasser glatt und geben es in die Mitte des Mehlgemisches und rühren es unter. Dann lassen Sie die Masse eine Stunde gehen und verrühren anschließend alles mit einem Viertel Liter Wasser zu einem glatten Teig. Diese Masse lassen Sie wiederum eine Stunde gehen und rollen dann den Teig zu flachen Fladen aus. Die werden bei 250 Grad fünf Minuten im Ofen gebacken.

SCHAFSMILCH – BEGEHRTER GRUNDSTOFF

Heute leben – so schätzt man – an die 4 Mio. Schafe auf Sardinien, die mit ihren Schäfern und den wachen Hütehunden über die Wiesen Sardiniens ziehen und sich von den kargen Gräsern ernähren. Ihre Milch ist nicht nur in den vergangenen Jahrhunderten wichtiger Grundstoff für die Ernährung der sardischen Bevölkerung gewesen. Heute ist sie begehrter denn je, denn der Käse, der aus ihr hergestellt wird, ist seit Jahren ein Exportschlager und damit auch für die sardische Wirtschaft wichtig. Dieser Käse, genannt »pecorino sardo« von »pecora« (dt.: Schaf), unterliegt strengen Herstellungskriterien. So darf ein echter »pecorino« keine Zusätze von Ziegen- oder Kuhmilch enthalten und muss auf der Insel hergestellt worden sein. Häufig werden Sorten mit Namen wie beispielsweise »pecorino romano« angeboten. Dieser Käse ist durchaus köstlich, hat aber mit dem echten sardischen Schafsmilchkäse nicht mehr viel zu tun. Zum einen wird er nicht selten mit Kuhmilch gestreckt, was ihn in der Herstellung deutlich preiswerter und im Geschmack neutraler macht. Zum anderen muss er nicht zwingend auf Sardinien hergestellt werden. Ein Großteil der Laibe kommt sogar vom italienischen Festland. Auf Sardinien gibt es unterschiedliche Sorten, die eine lange Tradition auf der Insel haben. Und auch bei der Käseherstellung ist es so, dass jede Gemeinde, jedes Dorf seine eigene Herstellungsweise hat und der Geschmack immer wieder variieren kann.

DIE KLASSIKER – ZARTE MILDE UND KRÄFTIGE HÄRTE

Zum einen gibt es den »**dolce sardo**« . Er ist sicher der beliebteste unter den sardischen Schafskäsen – vor allem bei den Touristen. Die Laibe können durchaus unterschiedliche Größen haben und variieren zwischen 1 und 4 kg pro Laib. Der Käse ist höchstes ein bis zwei Monate gelagert, hat einen äußerst milden Geschmack und ist weich. Er schmeckt so wenig nach Schaf, dass selbst eingefleischte Kuhkäse-Liebhaber, den «dolce sardo« mögen. Reift der Käse mindestens vier Monate, wird er zum »pecorino sardo maturo«. Je älter dieser Käse wird, desto geschmackvoller, härter und interessanter wird er. Er wechselt sogar seine Farbe von fast Weiß bis zu einem satten Gelb. Der »maturo« hat einen kräftigen Geschmack, ist sehr hart, fast bröckelig und bildet Salzkristalle. Viele nutzen diesen Käse zum Reiben und bestreuen beispielsweise damit ihre Pasta. Sarden allerdings lieben es, diesen Käse nur mit Pfeffer aus der Mühle zu würzen und ihn dann mit ein wenig Brot und einem Glas Rotwein zu genießen.

Sowohl das sardische Brot als auch den reinen sardischen Schafskäse erhalten Sie vor allem in den kleinen Alimentari, in Bäckereien und kleinen Käseläden in Dörfern und Städten. Wenn Sie die verschiedenen Wochenmärkte in unterschiedlichen Ortschaften besuchen, werden Sie ebenfalls überall diese beiden sardischen Spezialitäten erwerben können. So lassen sich auch gut die geschmacklichen Unterschiede zwischen dem zum Beispiel im Norden und im Süden hergestellten Käse feststellen.

In Deutschland gibt es inzwischen zahlreiche gut sortierte Käsespezialitäten-Geschäfte, in denen der sardische Schafskäse angeboten wird. Es ist allerdings auch möglich, sowohl das »pane carasau« als auch den »pecorino sardo« über deutsche Internetportale zu kaufen.

EINE EIGENWILLIGE DELIKATESSE

Seit Jahrhunderten gilt auf Sardinien ein ganz bestimmter Käse als besondere Spezialität: der »casu marzu«. Der Grundstock für diese durchaus eigenwillige sardische Delikatesse dient ein »pecorino sardo«. Ein sehr alter »pecorino sardo«, in dem bereits Maden ein Zuhause gefunden haben. Es handelt sich dabei um Fliegenlarven, die – so will es Tradition und Geschmack – mitgegessen werden, denn genau diese Larven machen den »casu marzu« zu dem, was er ist: ein Käse mit einer cremigen Konsistenz und einem scharfen Aroma. Vom Geschmack her ist er schwer mit Bekanntem zu vergleichen. Allenfalls gleicht er einem Gorgonzola. Gegessen wird der Käse mit »pane carasau« und einem kräftigen Rotwein – meistens mit einem »Cannonau«.

Da die europäische Gesetzgebung die Herstellung des »casu marzu« in der traditionellen Form verboten hat, wird er heute nur noch von einem Hersteller unter Laborbedingungen produziert.

EINKAUFEN

Sapori Dell'Isola di Daniela Porceddu ▸ Klappe hinten, c 5

Hier kann man »casu marzu« kaufen.
Cagliari | Via Sardegna 50 | Tel. 07 03 29 30 67

SERVICE

Consorzio per la Tutela del Formaggio ▸ Klappe hinten, nördl. d 1

Pecorino Sardo DOP, Cagliari | Via S. Alenixedda 2 | Tel. 0 70 37 28 85 | www.pecorinosardo. it

Grüner reisen
Urlaub nachhaltig genießen

Wer zu Hause umweltbewusst lebt, möchte vielleicht auch im Urlaub Menschen unterstützen, denen ein verantwortungsvoller Umgang mit der Natur am Herzen liegt. Empfehlenswerte Projekte, mit denen Sie sich und der Umwelt einen Gefallen tun können, finden Sie hier.

Die Liebe zu der Natur ihrer Insel, zum einmaligen Charakter Sardiniens, präsentieren die Sarden immer häufiger ihren Gästen. Und das teilweise mit großem Erfolg. Die Zeiten, in denen man auf piekendem Heu schlafen und ungeduscht herumlaufen musste, wenn man die Urlaubsform des Agriturismo buchte, sind glücklicherweise vorbei. Heutzutage sind auch diese Betriebe bestens ausgestattet, sie bieten alle Annehmlichkeiten, die man sich wünscht. Die meisten liegen auf dem Land, sind typisch sardisch eingerichtet und servieren sardische Spezialitäten, die nicht selten aus dem eigenen Garten stammen.

Viele der regionalen Spezialitäten wie zum Beispiel der »pecorino sardo« sowie Obst und Gemüse werden auf Sardinien nach wie vor auf traditionelle Art und Weise angebaut oder zubereitet: ökologisch sinnvoll. Seit Jahrhunderten grasen Schafe unter freiem Himmel, reifen Früchte und Gemüse unter Verzicht von künstlichen Düngemitteln unter südlicher Sonne und werden Käse und Schinken in handwerklich bewährter Tradition hergestellt. Die naturbelassenen Produkte wie Obst, Bodenfrüchte, Käse und Schinken findet man auf den Märkten oder direkt bei den Erzeugern in den Dörfern der Insel. Das Sprichwort »Was dem einen Freud, dem anderen Leid« trifft auf die sardische Agrarwirtschaft zu: Aufgrund der unregelmäßigen Niederschläge – Regen in den Wintermonaten, Dürre im Sommer – macht eine moderne Landwirtschaft unmöglich. Nur wenige Kilometer abseits der Touristenpfade im Inselinneren stößt man auf Landhotels und Restaurants, die regionale und traditionell angebaute Produkte in ihrer Küche verarbeiten.

Auf eine lange Tradition können auch die Winzer der Weinkellerei Meloni Vini zurückblicken. Schon seit Ende des 19. Jh. pflegen sie in Selargius in der Provinz Cagliari die sardischen Rebsorten; ihre seit dieser Zeit ohne Chemikalien und umweltverträglich angebauten Weine werden immer wieder geprüft und mit Preisen ausgezeichnet.

ÜBERNACHTEN

Mandra Edera ⚐ C 5

Unweit des Ortes Abbassanta hat sich zwischen kleinen Korkeichenwäldchen das Landhotel Mandra Edera etabliert. Seit mehr als 100 Jahren werden hier Pferde gezüchtet, auf denen kleine und große Gäste die Landschaft erkunden können. Geführte Wanderungen durch die abwechslungsreiche Landschaft werden für wenig Geld angeboten. Wellness und Golf gehören ebenfalls zum Angebot des Hauses. Die Küche fühlt sich der sardischen Tradition verpflichtet: Obst und Gemüse stammen aus eigenem Anbau, Fleisch- und Milchprodukte aus der Region.

Abbassanta | Tel. 0 32 01 51 51 70 | www. mandraedera.com | 4 Zimmer, 8 Suiten | €€

omuAxiu ⚐ D 6

Diese mehr als 200 Jahre alte Anlage aus Hotel, Restaurant und Museum – erbaut mit Steinen in den für Sardinien typischen warmen Farbtönen – bürgt für Ruhe und Erholung. Der Gutshof, seit dem 17. Jh. in Familienbesitz, strahlt dieselbe Freundlichkeit und Wärme aus wie die Menschen, die ihn betreiben. Gäste werden mit traditionell zubereiteten Wildspeisen, hausgemachter Pasta und mit im Holzofen gebackenen Brot verwöhnt. Besonders empfehlenswert sind die Likörweine. Sie sind eine Spezialität des Hauses. Das Hotel bietet behagliche Zimmer im sardischen Stil.

Orroli | Via Roma 46 | Tel. 07 82 84 50 23 | www.omuaxiu.it | 9 Zimmer, 2 Suiten | €€€

ESSEN UND TRINKEN

Ristorante Pizzeria Al Parco di Zuradili ⚐ C 6

Ausflügler verirren sich nur selten hierher, da Marrubiu nicht an den Strecken liegt, die Sardinien-Urlauber üblicherweise passieren. Zwischen Cagliari und Oristano, in der Nähe der

Ortschaft Terralba, wartet dieses Restaurant, in dem auf landestypische Spezialitäten großer Wert gelegt wird – sorgfältig zubereitet aus den Produkten der Region. In familiärer Atmosphäre werden die Gäste hier von Lucia und Paolo mit ihrer schmackhaften Küche regelrecht verwöhnt: Schaf und Ziege liefern die Milch, aus der der biologisch erzeugte »pecorino sardo« hergestellt wird; die Pizza wird im Holzofen gebacken, der süffige Rotwein ist der Cannonau-Traube zu verdanken und der »mirto sardo« den aromatischen Beeren der Myrte.

Marrubiu | Loc. Zuradili | Tel. 0 32 84 53 98 88 | tgl. 20–24 Uhr | Mo geschl. | €€

EINKAUFEN

Azienda Agricola Zootecnica 🐾 D 5

Eigentlich war die Azienda Agricola Zootecnica einmal eine kleine Dorfkäserei. Heute stellt Michelangelo Marongiu seinen Schafskäse in einer weiß gekachelten, hochmodernen Käserei her – immer noch nach altbewährten Rezepten, lediglich in größeren Mengen. Frisch gemolkene Schafsmilch wird hier vor allem zu »pecorino sardo«, »fiorde sardo«, »ricotta salata« (gesalzener Frischkäse) und »crema di fiore sardo« (pikanter Schmelzkäse) verarbeitet.

Ovodda | Loc. Galannovai

Bresca Dorada 🐾 E 7

Vor über 20 Jahren begannen Enrico Diana und Paolo Melis in der herrlichen Landschaft von Muravera, 50 km von Cagliari entfernt, mit 800 Bienenvölkern besten sardischen Honig zu produzieren. 1990 kam die Produktion des wohlschmeckenden

sardischen »mirto« hinzu, jenem Myrten-Likör, der nur auf Sardinien hergestellt wird. Heute werden, neben Honig und »mirto«, noch weitere Liköre (aus Limonen, Orangen und Birnen) erzeugt – alle nach strengen ökologischen Richtlinien.

Muravera | Loc. Canne Frau | Tel. 07 09 94 91 63 | www.brescadorada. com | Mo–Fr 10–12 und 15–18 Uhr

Madre Natura ▶ S. 93, südl. b 3

Im Jahr 2004 eröffnete das erste Geschäft in Sassari, das sich auf Bio-Lebensmittel spezialisiert hat. Das Angebot des auch optisch ansprechenden kleinen Ladens reicht von biologisch angebautem Obst und Gemüse aus der Region bis hin zu süßen Verführungen, Getränken und natürlich Pasta.

Sassari | Via Marsiglia 4 | Mo–Fr 10–12 und 15–18 Uhr

Meloni Vini 🐾 D 7

Eine Winzerfamilie hat sich auf beste Öko-Weine spezialisiert: Zu empfehlen ist vor allem der Cannonau di Sardegna, ein Bio-Rotwein, dessen Ausbau und Reifung teilweise in Holz- und in Edelstahlfässern erfolgt. Die Erntemengen werden von der Familie Meloni begrenzt.

Selargius | Via A. Gallus 79 | Tel. 0 70 85 28 22 | www.melonivini.com

FESTE UND EVENTS

Cantine Aperte

»Cantine Aperte« bedeutet »offene Keller« – eine clevere Geschäftsidee, die ursprünglich aus Italien stammt und nun auch erfolgreich auf Sardinien praktiziert wird. Initiiert wurde dieses Event von der Organisation Movimento Turismo del Vino National; um Gästen und Einheimischen den traditionellen Weinanbau der Region näherzubringen. Wenn Ende Mai alle Weingüter der Insel ihre Tore öffnen, kann man einen Blick in die Keller werfen, sich von den Winzern den Weinanbau erklären oder einfach nur seinen Gaumen von den besten Weinen verwöhnen lassen.

Letzter Sonntag im Mai | www.movi mentoturismovino.it

AKTIVITÄTEN

Riserva Naturale di Monte Arcosu
C7

Jahrzehntelang lebten in der Gegend der Sulcis viele der sardischen Hirsche und Rehe. Durch Wilderei wurden die Bestände drastisch dezimiert. Den Aktivitäten der Organisation World Wide Fund for Nature (WWF) ist eine grundlegende Veränderung zu verdanken: Sie erwarb ein rund 3600 ha großes Areal und richtete dort den Natur-

park Monte Arcosu ein. Mit dem Erfolg, dass sich die Hirschpopulation nach und nach erholen konnte. Heute ist das Gebiet für Besucher zugänglich. Auf den Naturlehrpfaden lassen sich Greifvögel beobachten (unter anderem Steinadler), Marder und Wildkatzen, hier und da ein Wildschwein und mit etwas Glück sieht man auch den »cervo sardo«, den sardischen Hirschen. Ein unvergessliches Erlebnis sind die von der Cooperativa Il Caprifoglio organisierten Workshops für Hobbyfotografen und die geführten Nachtwanderungen. Anfahrt: Von Cagliari aus folgen Sie der SS195 Richtung Pula, biegen nach ca. 8 km in Richtung Industriegebiet Macchiareddu-CASIC ab und nehmen dann die Abzweigung Richtung Oasi di Monte Arcosu.

Uta | Loc. Sa Canna | Tel. 0 34 73 46 35 46 | www.ilcaprifoglio.it | Aug./Sept. werden hin und wieder nächtliche Führungen zur Hirschbeobachtung durchgeführt | Eintritt 8 €, Kinder 4 €

Ein grasendes Pferd auf dem Anwesen des Landhotels Mandra Edera (▶ S. 35). Seit mehr als 100 Jahren werden hier Pferde gezüchtet.

EINKAUFEN

Handgefertigte Mitbringsel wie Teppiche, Keramik, Korbwaren und filigraner Gold- oder Korallenschmuck halten die Erinnerung an die Ferieninsel noch lange wach. Besonders die kulinarischen Köstlichkeiten der Sarden sollte man sich nicht entgehen lassen.

Wer nach Sardinien kommt, dem wird die Entscheidung schwerfallen, welches der vielen Souvenirs am schönsten ist. Auf der ganzen Insel werden geschmackvolle handwerkliche Arbeiten angeboten. Besonders auffallend sind die vielen verschiedenen Teppiche. Sie unterscheiden sich je nach Herstellungsgebiet in Muster und Farben: Ganz glatt gewebt und eher deckenartig sind die Teppiche aus dem Gennargentu-Gebirge. Farbenfrohe Teppiche mit auffallenden Tier- und Blumenmotiven findet man hingegen auf der kleinen Insel Sant'Antioco, im Bergdorf Atzara und im Städtchen Isili. Die hübschesten Korbwaren gibt es um Castelsardo, in Bosa, Flussio und Oristano. Typisch sind vor allem die gemusterten Körbe aus Affodil. Wird dieses auf Sardinien sehr verbreitete Liliengewächs verflochten, ergibt es ein geometrisches Muster aus Beige- und Brauntönen. Andere Materialien sind beispielsweise Binsen, Schilfrohr, Weiden-

◀ Pecorino sardo (▶ S. 32) ist die bekannteste Käsespezialität Sardiniens.

ruten und Zwergpalmenblätter. In Assemini, Dorgali, Oristano, Siniscola und Villaputzu finden Sie schöne Keramiken. Holzgeschnitzte Masken, die heute noch in Nuoro in der Karnevalszeit getragen werden, gibt es neben der Provinz Nuoro auch in Oristano. Beliebt sind die ehemaligen Hirtenmesser, Taschenmesser mit Griffen aus Widderhorn. Liebhaber von Schmuck wird es wie magisch nach Alghero ziehen, denn dort gibt es die größte Auswahl an Korallenschmuck. Filigraner Goldschmuck, wie ihn die Sarden zu ihren Trachten tragen, wird in Bosa, Cagliari und Dorgali angefertigt. Aus Bosa, Oliena und Villanovaforru stammen zarte Stickereien und seidenbestickte Wollschals. Kork wird auf Sardinien zu Untersetzern oder zusammen mit Ton zu Schalen und Bildern verarbeitet. Der Rohstoff stammt aus den Korkeichenwäldern der Insel.

KULINARISCHE SOUVENIRS

Die Ölbäume (»olea europea«) sind auf der ganzen Insel verbreitet und ihre Früchte aus der Küche Sardiniens nicht mehr wegzudenken. Die knorrigen Olivenbäume können bis zu 1000 Jahre alt werden. Besonders schön sind die weißen traubenartigen Blütenstände der Bäume. Aus diesen Blüten entstehen zunächst die grünen Oliven. Erst mit zunehmender Reife erhalten sie ihre schwarze Farbe. Seit Jahrhunderten werden Oliven geerntet, aus denen das köstliche und gesunde Öl kalt gepresst wird. Während dieses Vorgangs entsteht das »olio extra vergine«. Ein Öl, das niemals erhitzt werden sollte. Erfolgt eine zweite Pressung, entsteht das »olio olive«. Dieses Öl schmeckt zwar noch immer sehr fein, eignet sich aber eher zum Kochen oder Braten. Als Mitbringsel für Freunde guter Küche eignen sich auch der herzhafte Pecorino, ein Schafskäse, der sardische Wein und natürlich der Myrtenlikör »mirto«. Weine können Sie sowohl in einer Weinhandlung, der »**enoteca**«, oder einer Genossenschaftskellerei, der »**cantina sociale**«, kaufen, wo Sie überdies gut beraten werden. Die gängigsten Weine finden Sie allerdings auch im Supermarkt.

SÜSSE SEUFZER

Sehr delikat ist der sardische Honig – die Macchia ist eine ideale Bienenweide. Zu den besten Sorten gehört der »miele amaro«, eine Mischung aus Myrte, Eukalyptus und Erdbeerbaum. Es ist ein bitterer Honig, der allerdings seinen Preis hat. Honig, Mandeln und Nüsse sind die Grundstoffe für viele süße sardische Leckereien. Bekannt sind vor allem die »sospiri« (Seufzer), ein baiserartiges Mandelgebäck.

In Deutschland kann man sardische Spezialitäten bestellen bei: Il nuraghe, Nürnberg, Tel. 09 11/21 70 60, E-Mail: info@ilnuraghe.com. Dort bekommt man zum Beispiel »pane carasau«, Olivenöle und Weine jetzt auch aus biologischem Anbau. Weine aus Sardinien gibt es auch bei Alberto Gaviano, Hamburg, Tel. 0 40/43 28 21 90, www.sardufactum.de.

Die Lebenshaltungskosten auf Sardinien sind höher als in Deutschland, da viele Waren importiert werden müssen! Im Gegensatz zu Deutschland sind Lebensmittel in Supermärkten häufig teurer als auf Märkten und in den kleineren Läden wie den »alimentari«.

MITTÄGLICHE SIESTA

Die Öffnungszeiten der Geschäfte variieren je nach Gegend. Auf eines können Sie sich allerdings immer verlassen: Mittags läuft gar nichts. Spätestens um 13 Uhr sind überall die Rollläden heruntergelassen und werden frühestens um 16 Uhr wieder hinaufgezogen. Morgens öffnen die Läden zwischen 8.30 und 9 Uhr, abends schließen sie gegen 21 Uhr. Montags sind viele Läden entweder ganz zu oder zumindest nachmittags geschlossen. In den Touristenzentren sind viele Geschäfte – hauptsächlich Souvenirshops und Modeboutiquen – länger geöffnet, häufig auch montags und nicht selten sogar am Sonntag.

BESONDERE EMPFEHLUNGEN
KULINARISCHES

Sapori di Sardegna   ▶ Klappe hinten, c 5

Enorm praktisch und von hervorragender Qualität: In diesem alteingesessenen Geschäft inmitten Cagliaris sind alle Köstlichkeiten der Insel vereint – ob Bottarga, Käse, Pasta und Süßigkeiten oder Wein und Mirto. Zu den Besonderheiten zählen beispielsweise elf verschiedene Sorten des Mirto, neun unterschiedliche Honigsorten oder die fünf Sorten vom »pecorino sardo«. Hier bekommen Sie alle.

Cagliari | Vico dei Mille 1 | www.sapori disardegna.com | 9–12 und 15.30– 19.30 Uhr

Società Cooperativa Agricola Olivicoltori »Valle del Cedrino«
◀ E 4

Es ist so weich und so unendlich geschmackvoll, es hat eine sattgelbe Farbe – mal klar, mal trüb und stammt von Bäumen, die seit Jahrzehnten gehegt und gepflegt werden – das sehr edle Olivenöl aus dieser Kooperative. Hier hat man es sich zur Aufgabe gemacht, reines, lokales Olivenöl aus dem Gebiet um Orosei herzustellen – in alter Tradition mit hoher Qualität. Tatsächlich ernten die Mitglieder zu 90 Prozent von ihren eigenen Olivenbäumen. Die restlichen zehn Prozent kommen beispielsweise aus dem Raum Cagliari und von

Mallorca. Zu kaufen gibt es das Olivenöl mit dem Namen »Costa degli Olivi« sowohl in großen Kanistern als auch in kleinen hübschen Flaschen.

Orosei | Loc. Conculas SS125 | Tel. 07 84 99 71 03 | www.costadegliolivi.it.

KUNSTHANDWERK

Laboratorio Orafo Artigianato Giesse ▶ Klappe hinten, c 3

Was hier in der Schmuckwerkstatt in einer der wichtigsten Einkaufsstraßen Cagliaris entsteht, gleicht einem Wunder: Galdino Saba, ein traditioneller Goldschmied, der sein Handwerk von seinem Vater erlernte, zaubert aus diesem Edelmetall beispielsweise filigrane Goldfäden für traditionelle Kleidung. Auch Kettenanhänger, Armreife oder Ohrschmuck versteht er meisterhaft herzustellen.

Cagliari | Via Giuseppe Garibaldi 87 | Tel. 0 70 65 37 28 | Mo–Fr 10–12 und 16–19 Uhr

Laboratorio Terra Sarda 🏄 E 4

Die Gebrüder Deiana stellen an der Straße zwischen Siniscola und La Caletta praktische und schöne Lieblingsstücke her. Dazu gehören beispielsweise geschmackvolle Vasen und Schalen, die teilweise mit typisch sardischen Motiven oder mit leuchtenden Farben bemalt und anschließend gebrannt werden. Nach telefonischer Anmeldung können Sie den Herren bei der Produktion über die Schulter schauen.

Siniscola | Strada Provinciale La Caletta | Tel. 07 84 87 55 89

Weitere Geschäfte und Märkte finden Sie im Kapitel SARDINIEN ERKUNDEN.

Holzgeschnitzte Masken werden heute noch von Hand in den Provinzen Nuoro und Oristano hergestellt (▶ S. 39) und zur Karnevalszeit getragen.

Im Fokus
Sardische Kunst und Kunsthandwerk

Die meisten Menschen, die als Gäste auf die Insel kommen, sehen die schönen Küsten, das Licht, die Farben und nicht die Menschen mit ihren Gedanken, Ideen und Gefühlen. Ein Weg, sich diesen Menschen zu nähern, ist der Weg über ihre Kunst und ihr Kunsthandwerk.

Die wohl berühmteste sardische Kunstform der Neuzeit sind die »murales« – ausdrucksstarke Wandmalereien, die erst Ende der 1960er-Jahre erfunden wurden. Zunächst war es nur ein einziger Künstler, der mit diesen kraftvollen Bildern begann: Pinuccio Sciola. Er wurde 1942 bei Cagliari geboren, studierte Kunst in Cagliari, Salzburg und Florenz und beendete dort 1965 sein Studium mit dem Magistero d'Arte. 1968 dann schuf er mit ein paar Freunden seine ersten Wandmalereien in seinem Heimatort San Sperate – Malereien, die sich dem Kampf gegen die Unterdrückung und Ausbeutung der Menschen auseinandersetzen. Die monumentalen Bilder drückten zum einen all die Wut über die Jahrhunderte währenden Zustände auf der Insel aus, zum anderen aber auch die kleinen Hoffnungsschimmer, die auf eine Veränderung der Verhältnisse hinweisen. Die Bilder fanden in der Bevölkerung schnell Anklang und breiteten sich auf ganz Sardinien aus. Immer mehr Künstler bemalten auf der Insel ohne Honorar und mit eigenen Farben die Hauswände. Und manchmal

◀ Eine der berühmten Wandmalereien
(▶ S. 42) in Orgòsolo.

sogar ein Rathaus. Eines der wichtigsten »murales« ziert das Rathaus in Orgósolo. Hier wurde der erfolgreiche Kampf der Bevölkerung um die Hochebene Pratobello verewigt.

MALEN GEGEN MISSSTÄNDE

Auf besonders fruchtbaren Boden fielen die Themen der Malereien vor allem in der Inselmitte – in der Barbagia. Von jeher waren die Menschen in den Bergregionen diejenigen, die sich besonders gegen Unterdrückung und Fremdherrschaften gewehrt hatten – besonders in Orgòsolo. Mit den »murales« gab es nun ein probates Mittel, den Unmut über die damalige Politik und die sozialen Probleme kundzutun. In den 1980er Jahren begannen die Murales auf der Insel zu verblassen, kaum ein Künstler kaufte sich Farben, um neue Wandbilder zu malen. Glücklicherweise hat in den letzten Jahren ein Umdenken stattgefunden. Nicht nur, dass die Regierung die alten Malereien teilweise restaurieren lässt. Es kommen auch durchaus wieder neue hinzu. Die Themen sind die alten: Missstände, Politik, der Anschlag auf das World Trade Center, der Irakkrieg. Was einst in San Sperate mit Pinuccio Sciola und seinen Anhängern als Protestmalerei begann, ist noch heute eine der aktivsten Kunstszenen auf der Insel. Pinuccio Sciola ist einer der erfolgreichsten Bildhauer der Insel, seine Werke sind inzwischen weltweit bekannt. Er lebt wieder in seiner Heimatstadt, San Sperate.

SARDISCHE KÜNSTLER

Ein ebenso berühmter Maler aus Sardinien ist Antonio Secci, der, 1944 in Dorgali geboren, schon früh begann, sein künstlerisches Talent auszuleben. Für Secci ist die Natur Inspirationsquelle. Die Formen der Natur werden bei ihm zu neuen abstrakten Formen. Er studierte in Mailand, lernte schnell neue Kunstrichtungen und Künstler kennen. Eine Blitzkarriere folgte: 60 Ausstellungen, Werke weltweit in öffentlicher und privater Hand. Den Maler zog es vor geraumer Zeit wieder zurück auf seine Heimatinsel, weg vom hektischen Kunsttrubel. Heute malt er in seinem Garten an der Ostküste Sardiniens, in Cala Gonone. Und fast jedes Jahr sind seine abstrakten Werke in Galerien auf der Insel zu sehen.

Faszinierend sind auch die Arbeiten des sardischen Künstlers Giampaolo Mameli. Es sind Keramikarbeiten, in denen er auf sehr ästhetische Weise die Formen der einstigen prähistorischen Keramiken mit denen der Moderne mischt und vereint. Giampaolo Mameli wurde 1952 in San Sperate geboren und begann als kleiner Junge zu malen – angeregt und gefördert durch die Lehrer des künstlerischen Gymnasiums Cagliari, das er besuchte. Erst im Alter von 20 Jahren begann er sich mit Keramiken zu beschäftigen. Seit dieser Zeit entwickelt er seine Arbeiten weiter, experimentiert, entwickelt neue Brennvorgänge oder schafft Keramiken, die denen der Renaissance ähneln. Seine Ideen und Inspirationen entnimmt er der sardischen Kultur – die der vorherigen Jahrhunderte und durchaus auch der jetzigen. Seine unterschiedlichen Keramiken stellt Giampaolo Mameli immer wieder aus. In erster Linie auf Sardinien, aber auch in Paris und Tokio. Er wohnt, nachdem er viele Jahre fernab der Insel gelebt hat, wieder in seinem Heimatort. Viele namhafte Künstler stellen ihre Werke regelmäßig auf der Insel aus. Interessante Galerien finden Sie vor allem in Cagliari.

KUNSTVOLLE TÖPFEREI

Keramiken, ob nun künstlerisch interpretiert und weiterentwickelt oder als klassisches Handwerk hergestellt: Sie gehörten viele Jahrhunderte zu einer der wichtigsten Kunsthandwerksformen der Insel. Überall dort auf Sardinien, wo sich lehmhaltige Erde fand, war das Töpferhandwerk ein wichtiger Wirtschaftszweig. Das hat sich im Laufe der letzten Jahrzehnte sehr geändert. Durch den Import vor allem billig produzierter Waren aus dem asiatischen Raum, kann heute kaum noch ein Sarde von diesem Handwerk leben. Bei den meisten sardischen Keramiken handelt es sich um die für den Mittelmeerraum so typischen Terrakotta- oder Steingutgefäße. Sie sind meist mit einer weißen Zinnglasur überzogen und bemalt. Bekannt sind auch Gefäße, die mit der Raku-Brenntechnik hergestellt werden: Nach dem zweiten Brennvorgang bei ca. 1000 °C, werden sie dem Ofen entnommen und kühlen dann unter Sauerstoffreduktion langsam ab. Das hat zur Folge, dass die Glasuroberfläche feine Risse erhält. Es entstehen also immer Unikate. Viele der getöpferten Gefäße werden bemalt. Zu den Motiven der sardischen Kultur zählen vor allem zahlreiche geometrische Muster wie beispielsweise Spiralen oder auch Blumen.

EDLE TEPPICHE

Auch wenn man nicht mehr in jedem Haushalt einen Webstuhl findet, sind Webarbeiten für die Sarden nach wie vor wichtig. Die meisten Arbeiten wie Decken, Teppiche oder Wandbehänge sowie komplette Tischwäschen werden heutzutage hauptsächlich von speziellen Handwerksbetrieben gefertigt. Die Teppiche werden meist aus Schafswolle hergestellt und bestechen durch ihre Farbigkeit, die floralen Muster und teilweise auch durch ihre arabischen Motive. Wer einen echten sardischen Teppich erwerben möchte, sollte sich darauf einstellen, dass echte Handarbeit preislich nicht mit der industriellen Massenware zu vergleichen ist. Je nach Größe des ausgewählten Teppichs, zahlt man durchaus einige Hundert Euro.

TRADITIONELLE KORBFLECHTEREI

Das Flechten der Körbe aus Binsen, Schilf und Zwergpalmen ist traditionell Frauensache. Noch heute sieht man manchmal Frauen vor den Türen ihrer Häuser sitzen und Körbe oder Schalen flechten. Die traditionellen sardischen Gefäße leben von den unterschiedlichen Farben der Pflanzen – von ihrer schlichten Schönheit. Die farbigen Körbe, die man vielfach entdecken kann, wurden für die Touristen eingefärbt.

Sardisches Kunsthandwerk, das »artigianato sardo«, finden Sie an vielen Ecken der Insel. Vor allem in den Touristenorten kann man an jedem Souvenirshop – vermeintlich sardisches – Kunsthandwerk erwerben. Die echten und besten jedoch, diejenigen, die auch haltbar sind, weil es sich um Handarbeit aus wertvollen Grundstoffen handelt, kauft man am besten in den I.S.O.L.A. – Geschäften.

EINKAUFEN

I.S.O.L.A. Läden

▶ Klappe hinten, nördl. c 1

Cagliari | Via Ottone Bacaredda 176 | www.isola-cagliari.com | Mo–Fr 9.30–13 und 16.30–20 Uhr, Sa 9.30–13 Uhr

Porto Cervo | Sottopiazza | ⚓ D 2
www.isolaportocervo.com | geöffnet von Mai bis Sept. tgl. 10–13 und 16–20 Uhr, vom 1. Juli bis 10. Sept. 17–23.30 Uhr

Isola Rossa | Via Lungomare | ⚓ C 3
Cottoni 1 | www.sadomoartesarda.com | Mai bis Sept. Mo–Fr 9.30–13 und 16.30–19 Uhr

GALERIEN

Art Found Gallery ▶ Klappe hinten, d 4
Cagliari | Piazza Martiri 10a | www.artfound.com

Arteduca ▶ Klappe hinten, c 3
Cagliari | Via Lamarmora 54 | www.arteduca.ceramiche

Ceramiche Ariu ▶ Klappe hinten, d 4
Cagliari | Via Costituzione 16 | ariuceramiche.wordpress.com

South Photo ▶ Klappe hinten, d 3
Cagliari | Via San Giacomo 24 | www.south-photo.com

SPORT UND STRÄNDE

Jedweder Wassersport steht am Mittelmeer natürlich an erster Stelle. Darüber hinaus bietet die einmalige Landschaft Sardiniens viele weitere Sportmöglichkeiten wie Wandern, Radfahren und Reiten. Für die Badeurlauber gibt es eine große Auswahl an vielfältigen Badestränden.

Die beliebteste Wassersportart ist aufgrund des guten Windes auf Sardinien das Wind- und Kitesurfen. Vor allem im Frühling und im Herbst, wenn Mistral und Scirocco über die Insel fegen, kommen die Surffanatiker. Für Anfänger und Ungeübte eignet sich aufgrund dieser teilweise heftigen Winde nur der Hochsommer für wahren Surfgenuss. Ebenso beliebt ist das Segeln und alle weiteren Wassersportarten wie beispielsweise das Wasserskifahren, Tauchen, Schnorcheln und Angeln. Die Angebote hierzu wachsen proportional mit der touristischen Entwicklung der Küstenabschnitte. An der Südküste gibt es dort, wo sich große Hotels etabliert haben, ebenfalls einige Angebote. Das Tauchen mit Atmungsgeräten ist grundsätzlich überall erlaubt. Lediglich in den Nationalparks und in militärischen Sperrgebieten ist es verboten. Dazu gehören: Capo Carbonara, Capo Coda Cavallo, Isola Asinara und Isola Tavolara. Das

◀ Schöne Wanderungen (▶ S. 47) kann man
entlang Sardiniens Küste unternehmen.

Abbrechen und Einsammeln von Korallen ist streng verboten. Die meisten Einrichtungen zum Segeln befinden sich an der Nordküste. Wenn Sie kein eigenes Boot haben, können Sie auch eines chartern oder kleine Minikreuzfahrten und Ausflüge aufs Meer buchen. An der rauen Westküste hingegen werden Sie fast vergeblich nach guten Sportboothäfen oder Surfmöglichkeiten mit Verleihstationen suchen.

WANDERN UND REITEN

Darüber hinaus bietet die einmalige Landschaft Sardiniens viele weitere Sportmöglichkeiten wie beispielsweise das Wandern, vor allem im Gennargentu. Sollten Sie keine geführten Touren machen wollen, so sollten Sie sich gutes Kartenmaterial besorgen, denn die Ausschilderung der Wanderwege lässt auf Sardinien nach wie vor zu wünschen übrig. Sehr beliebt ist auch das Radfahren. Generell gilt: Mountainbikes sind passender als Rennräder. Alle Küstenregionen eignen sich hervorragend, um sie mit dem Rad zu entdecken. Sie sind in der Regel flach und gut ausgebaut – auch wenn man hier auf der Straße fahren muss und die Autos an einem vorbeifahren. Die schönsten Monate für anstrengende Radtouren über die Insel sind Juni und September. Auch Pferdeliebhaber finden seit Neuestem immer mehr Angebote für Ausritte oder sogar für stationären Dressurunterricht. Inzwischen finden Sie vielerorts Möglichkeiten, Pferde zu mieten. Einige Reitställe bieten auch erste Stunden auf dem Reitplatz, akzeptablen Dressurunterricht oder gar mehrtägige Ausritte an. Golfer finden auf der Insel schön gelegene und gut gepflegte 9- bis 18-Loch-Golfplätze vor. Badeurlauber sind von Sardiniens Küsten vor allem wegen ihrer vielen verschiedenen Strandarten fasziniert: feinsandige, sanft ins Meer gleitende Muschelstrände, die ins Meer zu fallen scheinen und Steinstrände, um die das Wasser schwappt.

ANGELN

Ohne Genehmigung und mit normaler Ausrüstung können Sie rund um Sardinien im Meer fischen. Einzige Einschränkung: Pro Tag dürfen Sie nicht mehr als 5 kg Fisch aus dem Wasser angeln. Korallen und Weichtiere dürfen nur Berufsfischer sammeln, ansonsten sind Korallen streng geschützt! Für sardische Binnengewässer benötigen Sie eine Erlaubnis, eine »licenza di pesca«, die beim Sportfischerverband erhältlich ist.

Tauchen Sie ab in eine ganz andere Welt

Besuchen Sie das Bergdorf Aggius. Es war bis Mitte des 19. Jh. der zentrale Treffpunkt von gefürchteten Verbrechern der Gallura. Nun sind die Banditen weg, das Gefühl, von der Welt abgeschnitten zu sein, verspürt man hier immer noch (▶ S. 12).

ANGELN

Federazione Italiana Pesca Sportiva (FIPS) ▶ Klappe hinten, westl. a 4
Cagliari | Viale Elmas | Tel. 0 70 24 05 18

GOLF

Club Is Arenas 🏊 C 5
An der Westküste gelegener 18-Loch-Platz. In der Hochsaison finden zuweilen auch Golfkurse für jedermann statt.
Narbola | Loc. Pienta Is Arenas | Tel. 0 32 11 85 11 30 | www.isarenas.it

Is Molas Resort 🏊 C 8
Der 27-Loch-Platz ist der größte auf Sardinien und mit dem Auto in nur 30 Minuten von Cagliari aus zu erreichen. Er gilt unter Kennern als einer der spektakulärsten Italiens. Hier finden auch international Turniere statt. Neu: In der Golf Academy können Anfänger das Golfspielen erlernen.
Santa Margherita di Pula | SS195 Loc. Is Molas | Tel. 07 09 24 10 06 | www.ismolas.it | ganzjährig geöffnet

Pevero Golf Club Costa Smeralda 🏊 D 2
Herrlich gelegener 18-Loch-Platz direkt an der Costa Smeralda.

Porto Cervo | Loc. Cala di Volpe 20 | Tel. 07 89 95 80 00 | www.peverogolfclub.com | ganzjährig geöffnet.

Tanka Golf Club 🏊 D 8
Etwas erhöht gelegener 18-Loch-Platz in Villasimius, der vor allem für Anfänger und leicht Fortgeschrittene geeignet ist. Kein Handicap erforderlich.
Villasimius | Viale degli Oleandri 7 | fatravel.tankavillageresort.com | Tel. 07 08 94 32 72

KLETTERN/WANDERN

Gennargentu-Gebirge 🏊 D 5
Das Gennargentu-Gebirge ist das schönste Wandergebiet. Vorsicht: Selbst Einheimische haben Schwierigkeiten, sich hier zu orientieren. Sie sollten nie ohne Kompass und Kartenmaterial unterwegs sein, da es keine markierten Wege gibt.

Circolo Avventura 🏊 B 8
Organisation von Wander- und Klettertouren zum Beispiel ins Gennargentu-Gebirge und in die Barbagia.
Carbonia | Via Roux 149 | Tel. 07 81 67 05 28 | web.tiscali.it/circoloavventura

Keya 🏊 D 7
Trekkingtouren mit unterschiedlichen Schwierigkeitsgraden in alle Teile der Insel. Außerdem bietet Keya seit vielen Jahren persönlich geführte Exkursionen mit Wanderungen zu unterschiedlichen Themen wie beispielsweise »Höhlenforschen« oder »Kultur und Natur« an.
Selargius | Via Tirana 74 | Tel. 0 78 49 82 95 | www.keya-sardegna.it. | Einige Wanderungen finden nicht im Juli und August statt

Selvaggio Blu

Der Trekkingreisen-Veranstalter Globo Alpin hat eine der schönsten Touren Sardiniens im Programm: Sieben Tage an der Steilküste von Santa Maria Navarrese nach Cala Gonone. Der Trek eignet sich für fortgeschrittene Kletterer.

Globo active | Bahnhofstr. 3 | 389040 Toblach | Tel. 00 39 04 74 97 61 39 | www.globoalpin.com

RADFAHREN

Dolce Vita Biketours   C 8

Gut organisierte Touren mit unterschiedlichem Anspruch: von netten Radfahrten entlang der Costa Smeralda bis hin zu anspruchsvolleren Mountainbike-Touren.

Villa San Pietro | Via Cimarosa 18 | Tel. 07 09 20 98 85 | www.dolcevitabike tours.com

Gallura Bike Point   D 3

Das ganze Jahr über – bis auf Juli und August – bieten die Veranstalter geführte Touren aller Schwierigkeitsgrade an. Besonders interessant sind die Themen-Touren wie beispielsweise »Archäologie« und »Natur«. Selbst absolute Anfänger und Interessierte, die das Schrauben und Reparieren ihrer Räder erlernen wollen, können hier Kurse buchen. Das Mieten von Mountainbikes und Rennrädern ist ebenfalls möglich.

GalluraBikePoint c/o Agriturismo Sole e terra | Loc. Funtana d'Alzi | Luogosanto/Bassacutena | Tel. 33 15 84 69 91 | www.gallurabikepoint.com | Auskunft: Mo bis Sa 9–12 Uhr

Keralis Reisen

Der deutsche Veranstalter bietet geführte Radtouren im Gennargentu

An Sardiniens Nordküste kann man sich Segelboote chartern oder auch Minikreuzfahrten und Ausflüge aufs Meer buchen (▶ S. 50).

(250 km) und Radreisen mit Tagestouren in der Gallura. Vermietung von guten Tourenrädern.

Keralis-Reisen | Kölner Str. 49 | 41363 Jüchen | Tel. 0 03 90 70 90 74 35 | www. keralis-reisen.de

Luca Cannas   ▶ **Klappe hinten, östl. f1**

Accessoires, neue Bikes und Reparaturservice.

Cagliari | Via Cavaro 6 | Tel. 07 04 52 10 37

REITEN

Centro Equestre 🏇   C 6

In diesem Reitzentrum in Arborea an der Westküste werden kleinere Ausritte sowie Trekkingtouren mit dem Pferd angeboten. Teilweise mit Westernsätteln. Darüber hinaus gibt es Shetlandponys für Kinder und Kutschfahrten.

Resort Horse Country | Arborea Oristano | Strada ventiquattresima oves 27 | Tel. 0 78 38 05 00 | www.horsecountry.it

Gutshof Mandra Edera 🏇   C 5

Der Gutshof mit seinen drei Reitlehrern bietet so ziemlich alles, was das Reiterherz begehrt: Dressurunterricht, Springstunden, Distanz- und Wanderritte, Hippotherapie und Reitstunden für Kinder. Hier kann man sich sogar eine Coachingsitzung mit Pferd buchen.

Abbassanta Oristano | Loc. Mandra Edera | Tel. 33 92 87 36 96 | www.sardinien horse.de

Maneggio Cabus de Figus 🏇   B 7

Sehr empfehlenswerter Stall an der Costa Verde nördlich von Buggerru. Hier kann man ganz entspannt ohne Sattel mithilfe von Gleichgewichts-

und Atemübungen erste Erfahrungen auf einem Pferderücken sammeln, Tages- oder Sternritte unternehmen. Der Reitstall unter Schweizer Leitung ist ganzjährig geöffnet.

Fluminimaggiore/Carbonia Iglesia | Tel. 0 78 15 49 43 | www.cavalloweb.de

SEGEL- UND BOOTSSPORT

Charter Sardegna 🛥   D 3

Ob kleine oder große Jachten, ob Katamaran, Segelboot oder Motorjacht: In Olbia können sie so ziemlich alles mieten, was schwimmen kann und einen gewissen Luxus hat. Die Boote sind mit und ohne Skipper buchbar. Die Jachten befinden sich alle im Norden Sardiniens zwischen Santa Teresa di Gallura und Olbia.

Olbia | Tel. 0 34 80 80 19 53 | www. charter-sardegna.com | Bürozeiten Mo–Fr 9– 12.30 und 13.30–18 Uhr

Helios Turismo 🛥   E 6

Tages-Bootstouren mit Bademöglichkeiten entweder auf einer 16 Meter langen Holz-Moterjacht oder einem zehn Meter langen Schlauchboot. Die Touren beginnen alle in Arbatax. Ziele sind die vielen verschiedenen Buchten und Grotten rund um den Ort.

Arbatax | Via porto Frailis 1 | Tel. 07 82 66 75 22 | www.heliosturismo.it

SURFEN

Die Nord- und Westküste ist mit ihren manchmal schwierigen Windverhältnissen im Frühling und Herbst das Lieblingsrevier von Profis – allen voran der Strand von Ingortosu/Piscinas an der Costa Verde. Anfänger bevorzugen die ruhigere Süd- und Ostküste bei Chia und Arbatax.

TENNIS

Five Star Tennis Academy   🏖 C 8

Wer diese Sportart erlernen möchte oder sein Spielniveau verbessern will, kann qualifizierte Kurse bei ATP-Spielern buchen. Auf 12 unterschiedlichen Tennisplätzen – Gras-, Kunstrasen- und Ascheböden – werden Kurse für Anfänger und Fortgeschrittene geboten.

Forte Village | Santa Margherita di Pula | SS 195, km 39,8 | Tel. 07 09 21 71 | www.fortevillageresort.com

TAUCHEN

Blu Dive Center   🏖 D 2

Das Blue Dive Center bietet Tauch- und Schnorchelausflüge im Norden Sardiniens mit unterschiedlichen Schwierigkeitsgraden an. Von hier aus können Sie das Mittelmeer mit seinen seltenen roten Korallen und alten Schiffswracks erkunden.

Santa Teresa di Gallura | Via Nazionale | Tel. 3287173499 | www.bludivecenter.com

Scuola Sub M & M 👫   🏖 D 8

Tauchschule und Tauchbasis ganz im Süden, zwischen Cagliari und Villasimius. Manni Schwarz aus Deutschland bietet alles, was das Taucherherz begehrt: z. B. Tauchkurse, Kinder- und Jugendtauchen, Wracktauchen.

Solanas | Via Piscina Bertula 35 | Tel. 0 70 78 67 18 | www.manni-diving.net

STRÄNDE

Baja Sardinia 👫   🏖 D 2

Ein flacher Sandstrand. Gut geeignet für Kinder. Im Sommer sehr voll.

Capo Boi   🏖 D 8

Herrlicher Sandstrand zwischen Villasimius und Cagliari.

Chia ⑨   🏖 C 8

Langer, feiner Sandstrand. An den Wochenenden in der Hochsaison stark frequentiert.

Costa Paradiso   🏖 C 3

Abwechselnd kleine Strände und Felsenküste. Wenig erschlossen, an einigen Ecken leider stark bebaut.

Costa Rei   🏖 E 7

Etwa 8 km langer Sandstrand mit kleinen Felsvorsprüngen.

Costa Verde   🏖 B 7

Kilometerlange Sanddünen zwischen Arbus und Piscinas.

Liscia di Vacca   🏖 E 3

Kleine Badebuchten im Norden der Costa Smeralda.

Pelosa   🏖 B 3

Auf der Halbinsel Stintino. Für einige ist es der schönste Strand überhaupt.

Poetto   🏖 D 7

Stadtstrand Cagliaris. Im vorderen Teil der Szene-Strand für Jugendliche, stadtauswärts wird es leerer und ruhiger.

Porto Conte 👫   🏖 B 4

Badegelände mit seichtem Wasser.

Spiaggi di Orri 👫   🏖 E 6

Der kilometerlange Strand nahe Tortoli eignet sich wegen des seichten Wassers besonders für Familien mit kleinen Kindern.

Torre di Bari   🏖 E 6

Südlich von Arbatax. Teils sehr feinsandige Abschnitte, kaum Touristen.

FESTE FEIERN

Die Sarden feiern gerne und viel. Von religiösen Feierlichkeiten mit prachtvollen Umzügen, die an kirchlichen Feiertagen begangen werden, bis zum traditionellen Volksfest mit Reiterparade und handgearbeiteten Kostümen. Gäste sind hierbei immer äußerst willkommen.

Eines steht fest: Die Sarden können wirklich gut feiern. Und wenn sie dieses tun, dann wollen sie gar nicht nur unter sich sein. Im Gegenteil: Sie freuen sich sehr, wenn Gäste dazukommen. Ihre Traditionen sind ihnen nach wie vor wichtig, und sie erzählen den Fremden gern, was und warum sie feiern. Und irgendwo auf der Insel wird immer gefeiert. Es beginnt schon damit, dass jedes noch so kleine Örtchen seinen eigenen Schutzheiligen besitzt, den es alljährlich zu ehren gilt. Diese religiösen Feste zur Ehrung der jeweiligen Schutzheiligen werden auf Sardinien »**Sagras**« genannt. Kirchen und Häuser werden dann bunt geschmückt, die Bewohner kleiden sich traditionell in ihren jeweiligen Trachten und verteilen sardische Spezialitäten. Eines der höchsten religiösen Feste ist das Osterfest, das überall auf der Insel mit großen Prozessionen begangen wird. Die größte Sagra findet in der Hauptstadt Cagliari statt – die Sagra

◀ Die »Sartiglia« in Oristano, ein Reiterfest
in historischen Kostümen (▶ S. 53).

Sant'Efisio. Vom 1. bis zum 4. Mai wird das festlich gekleidete Standbild es Heiligen Ephisius in einer goldenen Kutsche von Cagliari in die Stadt Nora und zurück gebracht. Begleitet wird die aufwendige Wallfahrt des Schutzheiligen Cagliaris von Trachtengruppen, Reitern und vor allem unzähligen Pilgern.

REITERPARADEN UND SARDISCHE TRACHTEN

Das wohl beeindruckendste Fest der Sarden wird alljährlich in Sassari begangen: **Calvacata Sarda**, eines der buntesten Feste Sardiniens mit langer Tradition. Anfang des 18. Jahrhunderts besuchte König Philipp von Spanien die Insel, knapp 200 Jahre später Umberto II. – König von Italien – nebst Gattin. Anlässlich dieses hohen Besuches erinnerte man sich in Sassari an die einstige Reiterparade und erweiterte das Ehrenprogramm: Die Gemeinden ganz Sardiniens präsentierten dem königlichen Besuch die zahlreichen unterschiedlichen Trachten Sardiniens. Begonnen wird die Calvacata Sarda am Corso Regina Margherita mit dem großen, oft kilometerlangen Trachtenumzug. An den jeweiligen unterschiedlichen Trachten erkennen Fachkundige, aus welchen Provinzen die jeweiligen Sarden kommen, welchen gesellschaftlichen Stand sie haben, ob sie noch unverheiratet oder vielleicht schon verwitwet sind. Am Nachmittag finden die unterschiedlichen Reitervorführungen auf der Pferderennbahn statt. Auf der Piazza d'Italia geht die Calvacata dann mit Musik und Tanzvorführungen zu Ende.

JANUAR

Sant'Antonio

In etwa 80 Gemeinden wird zu Ehren des hl. Antonius gefeiert.

Ab Mitte Januar

San Sebastiano

In 30 Gemeinden finden Feiern zu Ehren des hl. Sebastian statt. Feuerwerkskörper, Holzfeuer, Tanz und Musik begrüßen das neue Jahr.

19./20. Januar

FEBRUAR/MÄRZ

Karneval

Karneval wird auf Sardinien ausgiebig und an sehr vielen Orten der Insel gefeiert. Die großen Karnevalsfeste finden am Karnevalssonntag und am Karnevalsdienstag statt. Den beeindruckendsten Karneval feiert man in Oristano. Dort wird die »Sartiglia« ausgetragen, ein Reiterfest, das aus Spanien kommt und seine Wurzeln im 16. Jh. hat. Es wird in historischen Kostümen gefeiert, zudem gibt es ein Pferderennen in Santu Lussurgiu und einen Maskenumzug in Tempo Pausania.

Karnevalssonntag und -dienstag | Bosa, Mamoiada, Orotelli, Ottana, Cagliari, Tempo Pausania, Oristano, Santu Lussurgiu

MÄRZ/APRIL

Ostern

Für die Sarden ist die »Settimana Santa«, die heilige Karwoche, eine der wichtigen Zeiten des Jahres. Auf der ganzen Insel finden Prozessionen statt, in denen der Kreuzweg Christi nachempfunden werden soll. Eine der faszinierenden Ostermontagsprozessionen, die »Lunissanti«, findet in Castelsardo statt. Weitere Prozessionen gibt es in Alghero, Cagliari, Iglesias, Oristano und Sassari.

Karwoche

APRIL/MAI

Forma e poesia nel jazz

Ein inzwischen hochkarätiges Jazzfestival in Cagliari, das in der Regel von Mitte April bis Ende Mai veranstaltet wird. Inzwischen kommen jedes Jahr Musiker aus dem In- und Ausland in die Hauptstadt.

Cagliari | FPJ – Forma es poesia nel jazz soc.coop. Soc. | Via Brigata Sassari 31 | 09045 Quartu Sant'Elena | Tel. 07 04 51 39 57

MAI

Sagra di Sant'Efisio

Das aufwendigste Fest der Insel, auf dem man die farbenfrohen Trachten aus allen Teilen Sardiniens bewundern kann. Die Prozession zieht von Cagliari über Pula nach Nora und zurück.

1.–4. Mai | Cagliari

Sagra di San Francesco, Lula

Prozession mit Gottesdiensten, Lesungen und Reiterspielen.

1.–10. Mai

Calvacata Sarda

Eines der größten und imposantesten Feste auf Sardinien mit Trachtenumzügen und Reiterspielen.

Vorletzter Sonntag im Mai | Sassari | www.lacavalcatasarda.it

Cantine Aperte

Alle Weingüter der Insel öffnen ihre Türen für die Touristen.

Letzter Sonntag im Mai | www.movimentoturismovino.it

JUNI

Festa dei Martiri

Ein sehr religiöses Fest zu Ehren der Madonna dei Martiri. Die Prozession wird von Trachten- und Reitergruppen begleitet.

Erster Sonntag im Juni | Fonni

JULI

Ardia von Sedilo

In diesen Tagen geht es in dem kleinen Ort Sedilo am Lago Omodco chcr halsbrecherisch und rasant zu. Zur Erinnerung an den Sieg Kaiser Konstantins über Maxentius im Jahre 312 n. Chr. umrunden Hunderte Reiter mehrmals die Kirche des Heiligen Konstantin (Sant'Antinu).

6.–7. Juli | Sedilo

Cuncambias, San Sperate

Ein Kulturfestival, das inzwischen sein zehnjähriges Bestehen feierte und mittlerweile zu den wichtigsten Kulturfestivals im Süden der Insel zählt. Zu sehen und zu hören sind Kunst- und Fotoaustellungen, sardische Literaten, Musiker und Theateraufführungen im Museumsdorf San Sperate.

Ende Juli | San Sperate

AUGUST

I Candelieri

Beeindruckende Kerzenprozession am Strand.

14. August | Sassari

Fest zu Ehren des Erlösers, Nuoro

Prozession auf dem Gipfel des Monte Ortobene. Abends Trachtenschau.

Letzter So im August | Nuoro

SEPTEMBER

Antico Sposalizio Selargino

Ein vor allem optisch interessantes Event: Aus vielen Hochzeitspaaren des Jahres wird eines ausgewählt, das seinen Ehrentag im ursprünglich sardischen Stil vollziehen darf. Das Brautpaar wird dann die traditionelle Tracht tragen, ein Ochsenkarren transportiert die Aussteuer der Braut und zahlreiche Folkloregruppen begleiten das Paar.

September | Selargius

OKTOBER

Sagra delle Castagne

Das Fest der Kastanien- und Haselnussernte.

Letzter So im Oktober | Aritzo

DEZEMBER

La Señal del Judici, Alghero 3

In der Kathedrale von Alghero werden am Heiligen Abend katalanische religiöse Gesänge gesungen.

24. Dezember

Frauen bei einer Festtagsprozession zu Ehren der Madonna dei Martiri. Das religiöse Fest wird am ersten Sonntag im Juni in Fonni gefeiert (▶ S. 54).

MIT ALLEN SINNEN
Sardinien spüren & erleben

Reisen – das bedeutet aufregende Geschichten und neue Geschmackserlebnisse, intensive Farben, unbekannte Klänge und unerwartete Einsichten; denn unterwegs ist Ihr Geist auf besondere Art und Weise geschärft. Also, lassen Sie sich mit unseren Empfehlungen auf das Leben vor Ort ein, fordern Sie Ihre Sinne heraus und erleben Sie Inspiration. Es wird Ihnen unter die Haut gehen!

◀ Sardischer Alltag: Bunte Häuser im Marina-Viertel von Cagliari (▶ S. 57).

ESSEN UND TRINKEN

Caffè degli Spiriti ▶ Klappe hinten, c 4

Wenn Sie Lust haben, die cagliaritanische Seele zu spüren, sollten Sie sich abends auf die Terrasse der Bastione **San Remy** ⭐ begeben. Dort warten herrliche bequeme Sofas im Caffè degli Spiriti auf Sie, ein köstlicher Sundowner, während die Sonne langsam untergeht und das Leben der Hauptstadt unter Ihnen den Feierabend einläutet.

Cagliari | Via Torino 16 | Bastione San Remy | www.caffeedeglispiriti.com

Ristorante Gazebo Mediœvale 🔖 B 7

Ein restaurierter mittelalterlicher Stadtpalast, nette Menschen und bestes Slow Food mit täglich frischem Fisch: Dem Ristorante Gazebo Mediœvale mitten in Iglesias ist der hektische Touristenrummel fremd. In den Gewölben des altehrwürdigen Hauses genießen die Gäste vor allem die frisch zubereiteten und saisonal angebotenen Speisen.

Igelsias | Via Musio 21 | www.gazebo medioevale.it | €€€, 19–23 Uhr | Mo geschl.

Via Sardegna in Cagliari

▶ Klappe hinten, c 4

Das wahre sardische Alltagsleben erleben Sie im Marina-Viertel von Cagliari. Hier trifft sich die arbeitende Bevölkerung zum Mittagessen. Besonders beliebt dafür ist die Via Sardegna. Und besonders gut ist dort die Trattoria Gennargentu – und das seit Jahrzehnten!

Cagliari | Via Sardegna 60 | Tel. 0 70 65 82 47

KULTUR UND UNTERHALTUNG

Amphitheater in Cagliari

▶ Klappe hinten, c 4

Warme Luft, antike römische Architektur und dazu ein Livekonzert: Mitten in Cagliari können Sie genau diese beeindruckende Mischung haben. Im römischen Amphitheater der Stadt finden von Juni bis September zahlreiche Open-Air-Konzerte statt.

Cagliari | Via Anfiteatro | www.anfi teatroromano.it

Caffè Mediterraneo 🔖 D 2

In Santa Teresa di Gallura, nur ein paar Straßen von der Piazza Centrale entfernt, liegt das Caffè Mediterraneo in einem renovierten Haus, in dem man sowohl brunchen als auch abends essen kann. Dennoch ist das Nachtleben in der Piano Bar das spannendste.

Santa Teresa di Gallura | Via Amsicora 7 | www.caffemediterraneo.net

Rupi's Chilling Out 🔖 D 2

Die Füße in den warmen Sand bohren, einen Cocktail schlürfen, während im Hintergrund der DJ Chill-out-Musik auflegt. Rupi's Chilling Out am Strand von Porto Pollo ist der Klassiker: Junge, dynamische und vor allem fröhliche

Gäste – vor allem Surfer aus aller Welt – besiedeln dieses Strandcafé täglich. Abends ist hier Partyzone!

Porto Pollo | www.portopollo.it

AKTIVITÄTEN

Sardisches Hirtenleben 🏁 D 5

Wenn Sie mal ausprobieren wollen, wie sich das sardische Landleben anfühlt, dann verbringen Sie einen Tag inmitten der Natur und lernen die Arbeit eines sardischen Hirten kennen. Der Hirte zeigt Ihnen beispielsweise, wie man Pecorino herstellt oder wie man eine Ziege melkt. Anschließend gibt es eine kleine sardische Mahlzeit und – wenn Sie mögen – noch einen Spaziergang in die Umgebung.

Urzulei | Passo Silana SS 125 | www.gorropu.com

Wanderung durch die Macchia bei Nuoro 🏁 D 5

Die Heilkräfte der Macchia – die Pflanzen der Buschvegetation – duften nicht nur, sie können auch heilen. Auf der Wildpflanzen-Wanderung durch die Natur bei Nuoro sammeln Sie frische Kräuter und lernen dabei, welche besonders viele Vitamine oder wichtige Minerale haben. Oder welche dieser Pflanzen einfach nur Bestandteil einer köstlich sardischen Mahlzeit sind, die Sie im Anschluss an die Wanderung selbst zubereiten.

Urzulei | Passo Silana SS 125 | www.gorropu.com

Sardischkurs in Alghero ▶ S. 83, b 2

Bei Angela aus Alghero und Nicola aus Berlin, die schon seit langer Zeit auf Sardinien lebt, ist es möglich von 9–13 Uhr einen Sprachkurs zu besuchen, mittags im blauen Mittelmeer zu schwimmen und nachmittags die Kultur der Sarden kennenzulernen. Und das alles inmitten der wunderschönen Stadt Alghero.

Alghero | Vicolo Adamai 41 | www.pintadera.info

Kajakfahrt auf dem Lago del Cedrino 🏁 E 5

Haben Sie Lust, mal sardische Landschaften zu sehen, die Sie weder zu Fuß noch mit dem Auto je werden entdecken können? Auf dem Lago del Cedrino, fünf Kilometer von Dorgali entfernt, können Sie mit einem Kajak in landschaftlich wunderschöne Ecken vordringen und die herrliche entspannte Ruhe genießen, wenn Sie langsam übers Wasser gleiten. Mit Glück können Sie sogar einen Steinadler beobachten, der über die Berge fliegt.

Dorgali | Loc. Canales | www.canales.it | Mai bis Sept.

Das Observatorium auf dem Monte Armidda 🏁 E 6

Seit Sardinien ein öffentlich zugängliches Observatorium hat, kann man auf dem Monte Armidda immer montags und freitags ab 21 Uhr den sardischen Himmel mit seinen Sternen bestaunen. Telefonische Voranmeldung nötig!

Osservatorio Astronomico Ferdinando Caliumi | Lanusei | Monte Armidda | Tel. 0 38 03 68 81 98 | www.astroarmidda.it

Pferdeausritt am Strand 🏁 C 5

Der Veranstalter Sardinienhorse ermöglicht seinen Gästen Pferdeausritte am Strand entlang. Sicherlich werden Sie nicht im gestreckten Galopp durch die Wellen reiten können. Doch werden Sie nach einer Einführung imstande sein, im Schritt durch die Gischt der Wellen zu reiten und dabei pure Entspannung zu spüren.

Mandra Edera | Abbasanta Oristano | April bis November | www.sardinien horse.de | ab ca. 80 €

Delfine beobachten in Alghero

▶ S. 83, b 1

Seit uralten Zeiten sind wir Menschen fasziniert von diesen hochintelligenten Säugetieren, und es ist nicht nur für Kinder faszinierend, wenn Delfine in Gruppen durchs Meer schwimmen und offensichtlich Spaß dabei haben, neben einem Boot pfeilschnell auf- und wieder abzutauchen. Dieses faszinierende Erlebnis können Sie jetzt vor Alghero genießen. Mit relativ kleinen Motorbooten, die den Tieren keinerlei Angst bereiten, fährt die Gesellschaft »Frecce delle Grotte« von April bis Oktober zweimal täglich für je anderthalb Stunden aufs Meer hinaus, um Delfinschulen von bis zu 500 Tieren zu beobachten.

Alghero, Hafen | Garibaldi Dock | www.grottedinettuno.it | Abfahrtszeiten täglich 11 und 17 Uhr

WELLNESS
Die antiken Therme von Sardara

C 6

In der antiken Therme von Sardara können Sie sich eine Auszeit gönnen: beispielsweise mit einer sanften Entspannungsmassage, um den Alltagsstress abzubauen. Zu empfehlen ist auch die Massage mit ätherischen Ölen, denn der Fokus der Sinne wird hier aufs Fühlen und Riechen und damit ganz auf sich selbst gerichtet. Diese soll vor allem die Muskulatur entspannen. Darüber werden noch Trinkkuren und Inhalationen angeboten.

Sardara | Hotel Terme Santa Maria Aquas | www.termedisardara.it | geöffnet von Mai bis Dez.

Sardische Schafe liefern die Milch für den würzigen Pecorino. Sardisches Hirtenleben kann man heute in Urzulai nachempfinden (▶ S. 58).

Im Fokus
Sardischer Wein

Er ist leicht oder kräftig, süß, trocken oder halbtrocken, rot oder weiß. Erlesen und erstaunlicherweise noch fast unbekannt. Die Weinanbaugebiete verteilen sich über die ganze Insel. Die berühmtesten Weine sind der weiße Vermentino und der rote Cannonau.

Jeder kennt sie, die italienischen Weine. Doch viele Jahre runzelten Weinliebhaber lediglich unwissend die Stirn, wenn sie auf sardische Weine angesprochen wurden. Und das aus gutem Grund: Die sonnenverwöhnten sardischen Trauben wurden viele Jahre nur dazu verwendet, italienische Weine vom Festland in Farbe und Geschmack aufzubessern. Doch seit geraumer Zeit drängen nun auch die sardischen Weine langsam in das Gesichts- und Geschmacksfeld der Nordeuropäer. Auf insgesamt fast 43 000 ha Rebfläche reifen auf Sardinien Jahr für Jahr die besten Weine heran: leichte weiße oder vollmundige rote, trockene oder sogar sherryähnliche. Bereits zwischen dem 15. und dem 18. Jh. führte man auf der Mittelmeerinsel den Weinbau auf Feldern ein, ohne dass er an wirtschaftlicher Bedeutung gewann. Das änderte sich erst Mitte des vergangenen Jahrhunderts, als staatliche Subventionen dazu führten, dass auf der ganzen Insel immer mehr Reben gepflanzt wurden. So vielschichtig die Felder Sardiniens sind, so unterschiedlich schmecken auch die Weine.

◄ Weinfässer im Lagerkeller des Weinguts
Sella & Mosca in Alghero (► S. 63).

WEINANBAU AUF SARDINIEN

Die Anbaugebiete verteilen sich inzwischen über die gesamten Insel: Auf den Hügeln und in den zahlreichen Ebenen der Insel erntet man den weißen Vermentino. In den Bergen werden rote Trauben angebaut. Der berühmteste Wein aus der Bergregion ist der Cannonau. Viele der sardischen Weinbauern haben inzwischen ihre Kellertechniken verbessert, PR-Strategien geändert, besuchen Messen und große, internationale Weinverkostungen. Darüber hinaus werden nun auch – neben den einheimischen Rebsorten Cannonau, Carignano, Monica und Vermentino, die international bekannten Rebsorten wie beispielsweise Cabernet Sauvignon oder Merlot angebaut. Teilweise haben sich die Winzer in einer Genossenschaft organisiert, der »cantina sociale«. Dieser Zusammenschluss sollte vor allem den Winzern die Vertriebswege erleichtern. Bedauerlicherweise klappt das nicht immer. Lediglich große Produzenten, wie zum Beispiel Sella & Mosca mit Sitz in Alghero, haben es bisher geschafft, die Weine auch ins Ausland zu exportieren. Die Wurzeln des Anbaus der Weinkellerei Sella & Mosca reichen bereits ans Ende des 19. Jh. zurück: Zwei Geschäftsleute gründeten im Jahr 1899 das Weingut, dessen Schwerpunkt heute in der Erzeugung von Spirituosen, kräftigen Rot-, aber auch leichteren Roséweinen liegt.

ERLESENE WEINSORTEN

Zu den besten Weißweinen zählt der Vermentino di Gallura (14 % Vol.). Er gilt als der König unter den sardischen Weißweinen und ist der einzige DOCG-Wein (Denominazione di Origine Controllata Garantita – die höchste Auszeichnung, die ein Wein erhalten kann). Der beste Rotwein wird aus der Cannonau-Rebe gekeltert, übrigens eine der ältesten des Mittelmeerraums! Einige Wissenschaftler behaupten sogar, dass schon die Ureinwohner Sardiniens diese Rebsorte anbauten. Neuerliche Funde – Urnen nuraghischen Ursprungs – sollen Traubenkerne enthalten haben. Die klassischen Anbaugebiete des heutigen Cannonaus sind rund um Dorgali und in der Provinz Nuoro zu finden. Je nachdem, wie lange er in den Kastanien- und Eichenholzfässern lagert, kann der Cannonau zwischen 13 und 15 % Vol. erreichen. Er passt vor allem zu Braten und Käse. Besonders zu empfehlen ist er zu einem »pecorino sardo«, dem würzigen Schafskäse, der besonders schmackhaft ist, wenn er rund zwei Jahre alt ist.

Die rote Traube des Carignano stammt ursprünglich aus Spanien. Sie wird hauptsächlich im Südwesten der Insel angebaut. Im Glas hat er eine faszinierend tiefrote Farbe. Der bekannteste ist der »Terre Brune« aus der Santadi-Kellerei.

Der Rotwein aus der Rebe »Monica di Cagliari« stammt zwar – wie es der Name schon verrät – ursprünglich aus den Anbaugebieten rund um die Hauptstadt, wird aber heute auf ganz Sardinien angebaut. Der Wein ist kräftig und trocken.

Zu den weniger bekannten Weinen der Insel gehört der Moscato di Cagliari. Möglicherweise liegt es daran, dass dieser Weißwein mit seinem kräftigen Aroma und seiner Süße nicht unbedingt den nordeuropäischen Geschmack trifft.

Ein wunderbarer Weißer hingegen, der ein besonders guter Begleiter zu einem Abendessen ist, heißt Nuragus di Cagliari. Er hat eine auffallend helle Farbe und ist angenehm trocken. Besonders gut schmeckt er zu Fisch- und Krustentiergerichten.

Im Ausland auch eher unbekannt, aber dafür umso berühmter auf Sardinien ist der Vernaccia di Oristano. Es handelt sich hierbei um einen Weißwein, der eher einem Sherry ähnelt und lange lagern muss, bevor man ihn trinken sollte. Erschrecken Sie also nicht, wenn Sie eine Flasche sehen, die bereits an die zehn Jahre alt ist. Nach einer derartig langen Lagerzeit hat der Vernaccia di Oristano seinen feinen Mandelgeschmack erst so richtig entwickeln können.

Wer Dessertweine mag, sollte den Malvasia di Bosa unbedingt probieren. Diese fast goldfarbene süße Spezialität aus dem kleinen Bergdorf nennt sich »dolce naturale« und schmeckt hervorragend zu Käse. Die Variante »secco« dagegen ist deutlich trockener. Am besten mundet sardischer Wein direkt am Urlaubsort. Wer sich mit der Geschichte des Weins auseinandersetzen möchte, der sollte das Weinmuseum, das Museo del Vino, im kleinen Weindorf Berchidda (ca. 25 km westlich von Olbia) besuchen. Hier kann man sich informieren und ca. 150 Weine verkosten und kaufen.

WEINKELLEREI

Die Kellerei Sella & Mosca in Alghero ist bereits über 100 Jhare alt. Seit dieser Zeit reifen hier die besten Weine. In unterschiedlichen Fässern edler Eichen, können bis zu 16 000 Hektoliter Wein ausgebaut werden. Die Weinkellerei ist eine der modernsten auf der Insel. Es werden drei Gäranlagen betrieben, pro Stunde können pro Anlage an die 30 Tonnen verarbeitet werden. Bekannt wurde die Weinkellerei vor allem mit ihrem Cabernet Sauvignon, den es auch in guten deutschen Weingeschäften zu kaufen gibt. Dieser sattrote Wein wird von jeher 18 Monate in Holzfässern und weitere 18 Monate in Flaschen ausgebaut, bevor er zum Verkauf freigegeben wird. Jetzt hat sich die Weinkellerei dem Anbau einer ursprünglich antiken Rebsorte gewidmet. Die weiße Rebsorte Torbato wurde ursprünglich von den Phöniziern nach Sardinien gebracht. Jetzt werden sie ausschließlich auf den kalkhaltigen Böden rund um Alghero angebaut. Vier Weine stellt Stella & Mosca inzwischen aus dieser Traube her:

Tarbato: ein leichter Wein, der sich zu Fischgerichten anbietet. Er eignet sich aber durchaus als Aperitif.

Torbato Brut: der perlende Bruder zum Torbato. Zum Anstoßen, Gratulieren und als Aperitif.

Terre Bianche: ein kräftiger Wein, der sich hervorragend zu Fisch- und leichten Fleischgerichten eignet.

Terre Bianche Cuvé 161: der ausdrucksvollste Torbato, den Sie vor allem zu Fisch- und Krustentieren genießen sollten.

Man muss kein großer Weinliebhaber oder -kenner sein, um von den Anlagen oder dem Weinkeller fasziniert zu sein. Zu der Weinkellerei gehören neben den faszinierenden Anlagen auch ein Museum und eine originalgetreu restaurierte Vinothek mit einem Ausstellungs- und einem Verkaufsraum.

MUSEUM

Museo del Vino   D 3

Berchidda | Via Grazia Deledda 151 | Tel. 0 79 70 45 87 | www.muvisardegna. it | E-Mail: museodelvino@tiscali.it | Sommer Di–Fr 10–14, 16–19, Sa, So 10–14, 16–20, Winter Di–Fr 9–13, 15–18, Sa, So 9–13, 15–19 Uhr

Cantina Oliena   D 5

Oliena | Via Nuoro 112 | Tel. 07 84 28 75 09 | www.cantinasocialeoliena.it

Cantina Santa Maria La Palma

▶ S. 83, nördl. a 1

Alghero | Loc. Santa Maria La Palma | Tel. 0 79 99 90 08 | www.santamariala palma.it

WEINKELLEREI

Cantina Santadi   C 8

Santadi | Via Cagliari 78 | Tel. 07 81 95 01 27 | www.cantinadisantadi.it

Sella & Mosca   ▶ S. 83, nördl. c 1

Alghero I Loc. Piani, Stada Provinciale | Tel. 0 79 99 77 00 | Vinothek 0 79 99 77 19 | www. sellaemosca. it.

WINZER

Cantina di Mogoro   C 6

Mogoro | Strada Statale | Tel. 07 83 99 02 85 | www.cantinadimogoro.it

Cantina Gallura   D 3

Tempio Pausania | Via Val di Cossu 9 | www.cantinagallura.net

Der Strand von Baia Trinità inmitten des Nationalparks La Maddalena (▶ S. 73).

SARDINIEN ERKUNDEN

COSTA SMERALDA –
DER NORDEN

*Dieser Inselteil bietet mehr als die Postkartenidylle der
Costa Smeralda, etwa die Granitfelsen des Capo Testa oder die
Region Gallura mit ihrer Hauptstadt Tempio Pausania. Mondäne
Küsten und das traditionelle Weinanbaugebiet ziehen Touristen an.*

In der weitläufigen Granit-Region Gallura finden Sie vor allem alte Städte
wie zum Beispiel Arzachena und faszinierende Landschaften mit Korkeichenwäldern und rauen Küsten wie am **Capo Testa** ⭐. Interessant ist die
Hafenstadt Olbia, die mit ihren knapp 50 000 Einwohnern eine der größten Städte Sardiniens und der wichtigste Passagierhafen der Insel ist. Einen großartigen Eindruck vom Nordteil der Insel bekommt man in der
Hauptstadt der Gallura, Tempio Pausania, genauer gesagt vom Gipfel des
nahe gelegenen Monte Limbara. Die ca. 10 km lange Straße, die sich langsam in Serpentinen den 1362 m hohen Berg hochschlängelt, eröffnet einen fantastischen Blick. Smaragdgrünes Wasser, weiße Sandstrände, einsame Buchten und bizarre Felsformationen prägen die Costa Smeralda.

◄ Die Costa Smeralda – Bilderbuchstrände und mondäne Küsten (► S. 66).

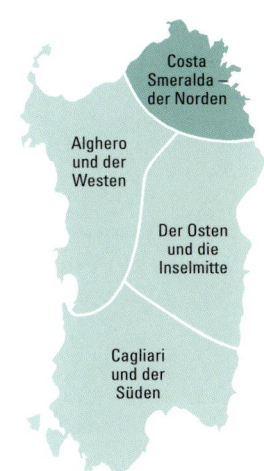

Tempio Pausania mit ca. 14 000 Einwohnern ist die einzige Stadt, die in der Gallura Bedeutung erlangen konnte. Sie liegt zwischen immergrünen Wäldern und granitzackigen Bergen zu Füßen des Monte Limbara. Tempio Pausania ist zu einem Zentrum der Korkverarbeitung herangewachsen. Die Inselgäste mögen das Städtchen vor allem wegen der schönen Alleen, der aus hellem Granit errichteten Altstadt und der mineralischen Quellen, die schon die Römer zu schätzen wussten. Ebenso traditionell in Sardiniens Norden ist der Weinanbau. Der bekannteste Wein ist der Vermentino di Gallura. Wer den Norden bereist, wird eine gute Infrastruktur vorfinden, die größte Auswahl an Hotels haben, Bilderbuchstrände entdecken und an dem mondänen Küstenabschnitt Costa Smeralda manchem Promi begegnen. Doch hier werden Sie bestimmt auch die meisten Touristen um sich haben.

PORTO CERVO ⚑ D 2

Ca. 400 Einwohner

An der Costa Smeralda finden Sie ein schönes, organisiertes und gestyltes Sardinien, das aber mit der tatsächlichen Inselrealität wenig zu tun hat. Anfang der 1960er-Jahre verliebte sich Prinz Karim Aga Khan in den 55 km langen Küstenstreifen. In rund 25 Jahren gestaltete er die Region völlig neu: Aus 5000 ha Weideland machte er das womöglich berühmteste Ferienziel im Mittelmeerraum. Es entstand eine architektonisch durchaus gelungene Glitzerwelt mit Edelrestaurants, exklusiven Hotels, Sportanlagen und Häfen. Der Treffpunkt und das Ferienparadies für den Jetset war geboren. Der vermeintlich sardische Stil der Häuser wurde von diversen Architekten eigens für diese Region geschaffen.

Der bekannteste Ort ist zweifellos Porto Cervo; mit seinen Sträßchen und Durchgängen wurde er den mediterranen Fischerdörfern der Riviera nachempfunden – und das in durchaus origineller Art und Weise. Alle Gebäude passen sich der Landschaft an – sowohl von der Größe als auch von der Verwendung der Baumaterialien. Selbst die kleine Kirche Stella Maris wurde neu und der Landschaft gemäß errichtet. Der Turm beispielsweise ist einer Nuraghe nachempfunden. Und natürlich erhielt der Ort auch eine kleine Piazza – eine Piazzetta, damit auch die Touristen eine allabendliche italienische Passeggiata erleben können. Hier trifft sich die Finanzwelt im Hotel Cala di Volpe und im Pitrizza, hier schlendert man durch gepflegte Gassen und trägt sein Geld in die Boutiquen aller namhaften Modedesigner. Traumhafte Jachten liegen vor der Küste oder im Hafen Porto Cervos.

SEHENSWERTES

Marina

Auf den insgesamt 500 Liegeplätzen finden sich in der Hauptsaison die größten und luxuriösesten Jachten aus der ganzen Welt ein.

Stella Maris

Das kleine Kirchlein wurde zur gleichen Zeit gebaut, als auch der Ort Porto Cervo entstand. Der Architekt Michele Busiri Vici entwarf das Gotteshaus und nutzte die Granitblöcke aus der gallurischen Umgebung für seinen Bau. Im Innenraum gibt es ein Gemälde von El Greco zu sehen, das von einer deutschen Millionärin gestiftet wurde. Die Orgel ist eine neapolitanische und stammt aus dem 17. Jh.

ÜBERNACHTEN

Cala di Volpe

Taditionsreiches Luxushotel – Das älteste und bekannteste Hotel am Ort in einer der schönsten Buchten der Costa Smeralda. Es verfügt über einen eigenen Strand, einen Hafen für kleinere Jachten und einen Meerwasserpool. Außerdem gibt es ein Restaurant mit Pianobar und Diskothek. Von Tennis über Golf bis zu Wasserski stehen einem hier sämtliche sportliche Aktivitäten offen, es gibt sogar einen Bootsverleih.

Costa Smeralda | Tel. 07 89 97 61 11 | www.hotelcaladivolpe.com | 97 Zimmer, 17 Suiten | €€€

Grand Hotel

Für Romantiker – Das edle Hotel liegt an der romantischen Bucht Cala Granu, nur 2 km vom Zentrum Porto Cervos entfernt. Es verfügt über eine sehr gute internationale Küche, abends mit großer Menüauswahl. Zudem besitzt es einen herrlichen Panoramapool.

Costa Smeralda | Cala Granu | Tel. 0 78 99 15 33 | www.grandhotelinportocervo.it | 93 Zimmer | €€

ESSEN UND TRINKEN

RESTAURANTS/CLUBS

Clipper

Gute Fischgerichte – Im Clipper gibt es die gute klassische Mittelmeerküche, hauptsächlich Meeresfrüchte und Fisch.

Via della Marina | Tel. 0 78 99 16 44 | www.ristoranticlipper.com | Mai–Sept. tgl. 20–23 Uhr | €€€

Il Pescatore

Treffpunkt der Finanzwelt – Edles Fischrestaurant. Unbedingt reservieren!

Molo Vecchio | Tel. 07 89 93 16 24 | www.ilpescatore.com | Mai–Sept. tgl. 20–23 Uhr | €€€

La Petronilla

Familiäre Atmosphäre – Gemütliches Restaurant. Hier treffen sich Stars und

Sternchen und die, die es werden wollen.

Loc. Sa Conca 42 | Tel. 0 78 99 21 37 | www.lapetronilla.com | tgl. 18–24 Uhr | €€€

CAFÉS/ CLUBS
Café du Port

Künstlercafé am Hafen – Vor über 30 Jahren eröffnete Franco sein Café am Hafen. Seitdem kommen Künstler und Schauspieler hierher, um einen Cocktail in schöner Atmosphäre zu genießen.

Via Porto Vecchio | Mai–Sept. tgl. 18–5 Uhr

EINKAUFEN

GESCHENKE
I.S.O.L.A

Sardisches Kunsthandwerk.

Sottopiazza

KULINARISCHES
Mercantino

Von Mitte Juni bis Mitte September findet jeden Freitagvormittag ein kleiner Markt statt. Zu kaufen gibt es sowohl allerlei Schnickschnack wie auch typisch sardisches Handwerk und Lebensmittel.

Piazzale di Sopravento | 9–14 Uhr

MODE
Sottopiazza

Die meisten klassischen Designerläden finden Sie rund um die Piazetta und die Sottopiazza. Namhaften Designer wie beispielsweise Bulgari, Cartier, Dolce & Gabbana, Prada und Versace haben sich hier niedergelassen. Man kann hier aber auch sardisches Kunsthandwerk in umfangreicher Auswahl kaufen.

Das Wahrzeichen der Costa Smeralda: Die Kirche Stella Maris wurde aus Granitblöcken der Umgebung gebaut und steht in Porto Cervo (▶ S. 68).

SERVICE

Auskunft

Informazioni turistiche Porto Cervo
Piazzetta del Cervo | Tel. 07 8 99 93 50 00

Ufficio Turistico

Piazza Risorgimento | Arzachena | Tel.
07 89 84 40 55 | www.arzachena-costa
smeralda.it.

BOOTE

Marinasarda

Ein Bootsausrüster, der Jachten für
zwei bis acht Personen vermietet.
Sottopiazza und Passeggiata | Tel. 0 78
99 24 75 | www.marinasarda.it

BUS

ARST (Trasporti Regionali della Sardegna)

Olbia | Corso Umberto 168 | www.arst.
sardegna.it

Ziele in der Umgebung

◎ AGGIUS ⚑ D 3

1600 Einwohner

Im Nordwesten von Tempio Pausania
liegt der kleine Ort Aggius exakt unterhalb der Felsen der Berge Monte Croce
und Monte Sozza. Die Landschaft um

Tauchen Sie ab in eine ganz andere Welt

Besuchen Sie das Bergdorf Aggius.
Es war bis Mitte des 19. Jh. der zentrale Treffpunkt von gefürchteten
Verbrechern der Gallura. Nun sind
die Banditen weg, das Gefühl, von
der Welt abgeschnitten zu sein, verspürt man hier immer noch
(▶ S. 12).

---

das Bergdorf herum ist traumhaft
schön und so typisch für die Gallura:
Es türmen sich von Wind und Wetter
geschliffene Felsen und Steine ver-
schiedenster Formen, dazwischen
wachsen Brombeerbüsche, fliegen Vögel, flitzen Salamander. Die Granithäu-
ser im »centro storico« sind unver-
putzt. Aggius ist vor allem durch die
Handweberei bekannt. Hier werden
Teppiche mit typisch sardischen Motiven hergestellt. Einst lebte die Gemeinde von diesem Handwerk, heute werden die edlen Teppiche vor allem für
Touristen hergestellt.

Laboratorio Tessile Prof. Cannas |
Via li Criasgi 22 | Tel. 07 9 62 02 99
53 km südwestl. von Porto Cervo

◎ ARZACHENA ⚑ D 3

13 000 Einwohner

Bekannt ist die kleine Stadt am Rande
eines imposanten Granitplateaus durch
die nahe gelegene Costa Smeralda und
durch die zahlreichen Funde aus prähistorischen Zeiten. Obwohl Arzachena mittlerweile von Touristen überrannt wird, hat es sich seine gemütliche
Atmosphäre erhalten können. Besonders reizvoll ist der lebhafte Haupt-
platz, die Piazza Risorgimento mit dem
Rathaus und einigen Bars. Die Kirche
Santa Maria della Neve gleich neben
dem Corso Garibaldi ist eines der
wichtigsten Bauwerke des Ortes. Die
Ursprünge Arzachenas reichen bis ins 3.
Jahrtausend v. Chr. zurück. Am Orts-
rand sieht man viele merkwürdig von
Wind und Wetter verformte Granitfelsen. Einer hat sich in einen riesigen Pilz,
einen »fungo«, verwandelt. Beeindruckend ist auch das nahe gelegene Gigan-
tengrab von Lu Coddu Vecchiu: Der

Die gallurische Granitlandschaft prägt ihre Bauten: eine Villa bei Arzachena (▶ S. 70) an der Costa Smeralda.

Eingang des Grabs wird von einer etwa 4 m hohen Mittelstele bewacht.
Anfahrt nach Lu Coddu Vecchiu: auf der SS 125 bis Arzachena, Straße nach Luogosanto, nach 2 km links, dann noch weitere 300–400 m.
20 km südwestl. von Porto Cervo

ESSEN UND TRINKEN
RESTAURANTS
Grazia Deledda
Gourmettempel – Nach wie vor das beste Gourmetrestaurant Sardiniens. Benannt nach der sardischen Schriftstellerin und Nobelpreisträgerin.

Loc. Tilzitta (an der Straße nach Baja Sardinia) | Tel. 0 78 99 89 90 | www.hotelgraziadeledda.com | tgl. ab 19 Uhr | €€€€ | Unbedingt reservieren

Jaddhu ▶ S. 28

Tenuta Pilastru
Mit der Bezeichnung »agriturismo« verband man vor kurzer Zeit noch eher dürftige und rudimentäre Unterkünfte. Das hat sich auf Sardinien teilweise durchaus geändert. Im Tenuta Pilastru wohnt man in edel eingerichteten Steinhäusern, wird mit bester sardi-

Gesundheit aus der Natur

Auch auf Sardinien kann man noch Quellwasser trinken, dem sogar Heilkräfte nachgesagt werden. Aus den Fonti di Beddoro, südlich von San Pantaleo, sprudelt das gesunde Quellwasser (▶ S. 13).

scher Küche verwöhnt und darüber hinaus gibt es einen edlen Wellness- und Spa-Bereich.

Loc. Pilastru (km 5 an der Straße von Arzachena nach Bassacutena) | Tel. 0 78 98 29 36 | www.tenutapilastru.it | tgl. 18–22 Uhr | €€

◎ CAPO D'ORSO D 2

Östlich vom Hafen des Ortes Palau – zu Fuß in ca. 15 Min. über einen schmalen Pfad zu erreichen – treffen Sie auf Capo d'Orso und damit den berühmten sardischen Bären (»orso«). 122 m hoch ragt der von Wind und Wasser über Millionen von Jahren geformte Felsen in die Höhe. Nicht jeder kann in den Felsformationen sofort einen Bären erkennen. Nehmen Sie sich für diesen kleinen Ausflug also ein bisschen Zeit. Vor allem sollten Sie den gigantischen Rundblick über die Region Gallura genießen.

30 km nordwestl. von Porto Cervo

ESSEN UND TRINKEN
RESTAURANT
Mare Mosso

Bestes Preis-Leistungs-Verhältnis – Hervorragende Küche, die die Palette der sardischen Spezialitäten gut abdeckt. Guter Service. Sehr gute Weine.

Palau | Via Capo d'Orso 1 | Tel. 07 89 70 60 60 | tgl. 12.30–14.30 und 19–23.30 Uhr | €€€

◎ CAPO TESTA D 2

Eine gut ausgebaute, ca. 5 km lange Straße führt vom Ort Santa Teresa Gallura zur Cala Spinosa, der äußersten Spitze der Felsenhalbinsel Capo Testa. Herrliche Skulpturen, geschaffen von Wind, Wasser und Sonne – die Naturgewalten haben die Granitfelsen wunderbar verformt. Früher sahen die Menschen in diesen Skulpturen versteinerte Menschen und Tiere. Am schönsten ist dieser nördlichste Punkt Sardiniens bei Sonnenuntergang.

55 km nordwestl. von Porto Cervo

ÜBERNACHTEN
Grandhotel Corallaro

Fürstlich frühstücken – Ein feines, exklusives Haus, nicht weit vom Ortskern von Santa Teresa di Gallura.

Santa Teresa di Gallura | Loc. Rena Bianca | Tel. 07 89 75 54 75 | www.hotel corallaro.it | 100 Zimmer | €€

◎ FONTI DI BEDDORO D 3

Drei Bergspitzen sind vom Ort San Pantaleo aus zu sehen – eine ganz herrliche

Ein Exkurs in die Welt der Kunst

In San Pantaleo, dem kleinen Dorf mit bunten Häusern, siedeln sich noch immer Künstler an. Interessante Gespräche ergeben sich in den kleinen Bars rund um die Piazza Vittorio Emanuele, wo man die Künstler häufig trifft (▶ S. 13).

und vor allem entspannende Bergwelt, in der es noch Quellen gibt, aus denen kühles Wasser sprudelt. Eine Seltenheit auf der ansonsten relativ trockenen Insel. Das Wasser der »Fonti di Beddoro«, so sagt es zumindest der sardische Volksmund, habe schon zahlreiche Wunder vollbracht und verfüge über enorme Heilkräfte. Wenn Sie etwas davon mitnehmen wollen, können Sie es sich auch in Kanister abfüllen lassen.

17 km südwestl. von Porto Cervo

◎ GOLFO ARANCI   ⚓ E3
2400 Einwohner

Heute ist Golfo Aranci ein typischer Hafenort mit vielen Bars, Souvenirläden und Restaurants. Etwa 10 km westlich vom Ort bietet sich von einem Hügel ein wunderschöner Panoramablick. Hier steht auch die Kirche Nostra Sig-

nora del Monte mit einem Granitkreuz auf ihrem Giebel und dem typisch gallurischen rechteckigen Grundriss.

25 km südl. von Porto Cervo

◎ LA MADDALENA   ⚓ D2
12 000 Einwohner

La Maddalena ist die Hauptinsel des gleichnamigen Archipels, das insgesamt sieben Inseln hat. Die ca. 20 qkm große Insel liegt im Nordwesten Sardiniens und hat eine durchaus faszinierende Natur. Die etwas über 40 km lange Küstenlinie ist teilweise wild zerklüftet, teilweise mit herrlichen Sandstränden ausgestattet. Das Inselinnere mit seinen Felsen und Tälern ist von duftender Macchia bedeckt. Seit dem Jahre 1997 gehört der Maddalena-Archipel zum Parco Nazionale dell'Arcipelago di la Maddalena und ist

Faszinierende Felsformationen: Das La Maddalena-Archipel im Nordwesten Sardiniens ist seit 1997 Naturgeschutztgebiet (▶ S. 73).

damit Nationalpark. Die gleichnamige Stadt aus dem 18. Jh. bietet unerwartet erstaunliche Eindrücke: eine Fußgängerzone am Fischereihafen mit einigen Geschäften, schöne Palazzi aus dem 18. und 19. Jh., Treppen und kleine Gassen, eine Markthalle sowie eine Promenade, die von Palmen flankiert wird und auf der es sich bestens flanieren lässt.

Die gesamte Insel ist durch eine herrliche Panoramastraße, die Strada Panoramica, erschlossen. Es ist sicher nicht übertrieben, wenn man diese Straße als eine der schönsten Sardiniens bezeichnet. Auf dem höchsten Punkt dieser Straße, der Guardia Vecchia, befindet sich die Festung Forte San Vittorio aus den Anfängen des 19. Jh. Von hier aus wurde einst die Insel mit Kanonen vor Eindringlingen geschützt. Heute dient sie dem Militär als Funkstation. Von der Guardia Vecchia hat man den besten Blick auf die Stadt. Fähren verkehren ab Palau.

50 km nördl. von Porto Cervo
🕐 | Kommen Sie im Frühling auf die Insel Maddalena und bleiben Sie über Nacht! Zum einen ist die Insel dann sehr grün und von herrlich blühenden Pflanzen überzogen. Zum anderen sind die meisten Touristen nur Tagesgäste und Sie werden am Abend die Stadt mit den Insulanern fast für sich haben.

MUSEEN UND GALERIEN

Museo Archeologico Navale Nino Lamboglia

Ein kleines Museum, das in zwei Sälen die Ladung eines römischen Frachtschiffes, das im 2. Jh. v. Chr. in den Gewässern des Maddalena-Archipels gesunken ist, zeigt. In den 1950er-Jahren wurde es dort geborgen. Die Fotogra-

fien der Bergung sind ebenfalls ausgestellt.

Loc. Mongiardino | www. lamaddalena. it/mueso_lamboglia.htm | Di–So 10–13 Uhr | Eintritt 2 €

ÜBERNACHTEN

Hotel Excelsior

Schöne Lage – Ein frisch renoviertes, angenehmes Haus mit einer modernen Ausstattung. Von hier aus können Sie herrlich direkt in die Innenstadt laufen.

Via Amenola 7, | Tel.07 89 72 10 47 | www. excelsiormaddalena.com | 27 Zimmer, 4 Suiten | €€

ESSEN UND TRINKEN

RESTAURANTS

Trattoria La Grotta

Traditionsreiches Restaurant – Seit über 40 Jahren werden hier Meeresfrüchte von bester Qualität serviert. Im August unbedingt reservieren!

Via Principe di Napoli 3 | Tel. 07 89 73 72 28 | www.lagrotta.it | tgl. ab 19 Uhr | €€

◎ CAPRERA   🪨 D 2

Von La Maddalena aus gelangen Sie über eine Brücke auf die zweitgrößte Insel des Archipels: auf die Insel Caprera. Auf 16 qkm erwartet Sie hier die reine Natur: Pinienwälder, raue Felsen und im Süden auch einige schöne Badebuchten. Das gesamte Eiland, das heute unter Naturschutz steht, gehörte einst Giuseppe Garibaldi (1807 – 1882). Lange lebte er nicht hier, aber seine letzte Ruhestätte fand er an diesem Ort. 1882 stirbt Garibaldi in seiner »Casa Bianca«, einem kleinen Landgut, das heute auch ein Museum ist. Für ita-

Eine Allee im Parco Nazionale Arcipelago di la Maddalena. Der Archipel umfasst insgesamt sieben Inseln, La Maddalena ist die Hauptinsel (▶ S. 73).

lienische Garibaldi-Fans ist dieser Ort fast eine Kultstätte. Die große Pinie im Hof des Landgutes, soll Garabaldi noch selbst gepflanzt haben. Auch Caprera hat eine kleine Panoramastraße über die Insel, auf der Sie einen schönen Eindruck von der Landschaft erhalten. In Capreras Süden finden Sie flache Abschnitte mit kleinen Strandbuchten, an denen es sich schön baden lässt.

MUSEEN UND GALERIEN
Casa Museo di Garibaldi
Das ehemalige Wohnhaus mit den Originalmöbeln, dem Wirtschaftsgebäu-

de, dem Garten und dem Sarkophag der Garibaldi-Familie – alles ist zu besichtigen.

Compendio Nazionale Garibaldino Caprera | Tel. 07 89 72 71 62 | www.compendiogaribaldino.it | geöffnet Mi–So 9–20 Uhr, Mo geschl. | Eintritt 5 €, Kinder 2,50 €

◎ LAGO DEL COGHINAS ⚑ D3
Ein 1800 ha großer See, der noch unter Mussolini angelegt wurde. Er zählt zu den größten Stauseen Italiens. Ein beliebtes Revier bei Naturliebhabern und Anglern.

Wollen Sie's wagen?

Wollen Sie mal diese fantastische Küste mit ihrem glasklaren Wasser, ihren Felsformationen und der grünen Macchia aus der Vogelperspektive betrachten? Dann mieten Sie sich ein Ultraleicht-Flugzeug nebst Piloten und schauen sich mal von oben an, wie schön der Norden Sardiniens ist. Ein großartiges Erlebnis.

San Teodoro | SS 125 km 293 | Tel. 0 78 92 53 56 | www.santeodoroulm. it | 60 € pro 30 Min

Anfahrt: Von Olbia auf der SS 199 in Richtung Sassari, bei Oschiri auf die 392 nach Coghinas
65 km südwestl. von Porto Cervo

OLBIA D 3
50 000 Einwohner

Die Stadt lebt in erster Linie von ihrem Status als wichtigstem Passagierhafen Sardiniens. Wenn Sie dort mit einer der Fähren ankommen, werden Sie gleich merken, dass Olbia laut ist. Von gesunder Meeresluft spürt man dort nicht mehr viel. Eben eine Hafenstadt, in der selbst eine Shoppingtour nicht wirklich zum Vergnügen wird.
25 km südl. von Porto Cervo

ÜBERNACHTEN
Luna Lughente
Guter Service – Ein Vier-Sterne-Haus, günstig zum Flughafen gelegen und ganzjährig geöffnet. Kostenfreier Shuttlebus zu den Stränden.
Loc. Pittulongu | Tel. 0 78 95 75 21 | www. lunalughente.it | 54 Zimmer | €€€

ESSEN UND TRINKEN
RESTAURANTS
Gallura
Spezialitäten aus der Region – Sehr gute, sardische Küche: Lamm, Zicklein, Fisch. Hervorragende Desserts!
Corso Umberto 145 | Tel. 0 78 92 46 48 | tgl. ab 20 Uhr | €€€

◎ SAN PANTALEO D 3
Ca. 700 Einwohner

Dieser kleine, liebenswerte Ort südlich von Arzachena zeigt, wie es einst in der gesamten Gegend ausgesehen haben muss. Die Häuser sind klein, rechteckig und aus Granit gebaut. Die Pfarrkirche ist der Mittelpunkt des Bergdorfs. Von hier aus kann man zu herrlichen Wanderungen oder Mountainbike-Touren starten. Im Frühling und Herbst ist es hier still, kaum ein Feriengast lässt sich dann blicken. Vor vielen Jahren haben sich dann in diesem ursprünglich wirkenden Idyll immer mehr Künstler und Kunsthandwerker angesiedelt, die sich gern in den Bars rund um die Piazza Vittorio Emanuele auf einen Espresso treffen.
14 km südwestl. von Porto Cervo
🕒 In den Sommermonaten ist es in San Pantaleo zwar voll, das aber aus gutem

Ein Exkurs in die Welt der Kunst

In San Pantaleo, dem kleinen Dorf mit bunten Häusern, siedeln sich noch immer Künstler an. Interessante Gespräche ergeben sich in den kleinen Bars rund um die Piazza Vittorio Emanuele, wo man die Künstler häufig trifft (▶ S. 13).

Grund: Von Mai–Sept. findet hier immer donnerstags von 9–12.30 Uhr ein Markt statt. Auf der Piazza verkaufen die Künstler und Kunsthandwerker, es werden Antiquitäten ausgestellt und Nahrungsmittel verkauft.

◎ SANTA TERESA DI GALLURA

 D 3

5000 Einwohner

Wie so viele Küstenorte Sardiniens war Santa Teresa di Gallura auch einst ein kleines Fischerdorf. Heute gehört es mit seinen bunten pastellfarbenen Häusern zu den beliebten Ferienorten im Norden der Insel. Im Zentrum ist die Piazza Vittorio Emanuele, mit ihren Bars und Restaurants, Treffpunkt für einen Espresso und die abendliche Passeggiata.

45 km nordwestl. Von Porto Cervo

ÜBERNACHTEN

Diana Hotel

Modernes Hotel – Ein neues Hotel, das ein bisschen außerhalb des Ortes liegt. Die schönsten Strände sind von hier gut zu erreichen. Freundlicher Service.

Via Tibula | Tel. 078 97 54 83 | www.diana-hotel.eu | 40 Zimmer | €€

La Colluccia

Zweisamkeit – Ein kleines Designhotel des Architekten Julio Cesar Ayllon mit 45 Designerzimmern – am besten für Romantiker geeignet, die Zweisamkeit lieben und sie leben möchten. Das Haus hat vor allem zwei Highlights: das Hamam und das Restaurant mit ausschließlich regionaler Küche. Hervorragende sardische Weine sind für das Vier-Sterne-Haus der Philosophy-Hotelgruppe selbstverständlich.

Die Piazza Vittorio Emanuele in Santa Teresa di Gallura. Einst ein kleines Fischerdorf – heute beliebter Treffpunkt für Einheimische und Touristen (▶ S. 77).

Santa Teresa di Gallura | Loc. Conca Verde | www.lacoluccia.it

ESSEN UND TRINKEN
RESTAURANTS
Il Grottino

Gutes Preis-Leistungs-Verhältnis – Kleines Restaurant mit netter Bedienung, in dem man vor allem die Meeresfrüchte essen sollte. Die Portionen sind groß, die Küche bodenständig. Abends unbedingt reservieren.
Via del Mare | Tel. 07 89 75 42 32 | www.ristoranteilgrottinoot.com | €

Trattoria da Gianni

Gute Fischgerichte – In diese Trattoria unweit der Piazza Vittorio Emmanuele gehen Einheimische, wenn sie guten und frischen Fisch essen möchten.
Via XX Settembre 6 | Tel. 07 89 75 52 53 | €€

SAN TEODORO　　　E3

Südlich von Olbia gelegener Strandabschnitt mit weißem, sehr feinem Sand und besonders bei Deutschen beliebt. Die schönsten Strände sind Cala d'Ambra und La Cinta, ein ca. 3 km langer Dünenstrand. Am Ende dieses Strandabschnitts beginnt der 230 ha große Stagno di San Teodoro. Hier leben Reiher, Sumpfhuhn und Stockente zwischen den Granitblöcken und der unberührten Macchia.
35 km südl. von Porto Cervo

ÜBERNACHTEN
Hotel Bonsai

Im historischen Zentrum – Kleines angenehmes Haus mit 33 Zimmern, zwei Pools, Sauna und Fitnessraum sowie einer schönen Terrasse mit herrlichem Blick auf die Bucht. Ganzjährig geöffnet!
Via Golfo Aranci | Tel. 07 84 86 50 61 | www.hotelbonsai.com | 33 Zimmer | €€

◎ TEMPIO PAUSANIA　　　D3
14 000 Einwohner

Sie ist die Hauptstadt der Gallura, wie der Norden Sardiniens auch genannt wird, und liegt ausgesprochen prächtig auf einer Bergterrasse vor dem Limbaramassiv. Tempio Pausania ist eine römische Gründung, die ihre Blütezeit im 18. Jh. erlebte. Wirtschaftliche Bedeutung erlangte die Stadt vor allem durch die Korkproduktion. Die Lage, 600 m über dem Meer, die Eichen- und Kastanienwälder, die eleganten Weinberge, macht Tempio Pausania fast zu einem Luftkurort und lässt einen vor allem in den heißen Sommermonaten aufatmen. Zu den schönsten Straßen von Tempio Pausania gehört sicherlich die Viale Fonte Nuova. Auf der Piazza San Pietro steht die gleichnamige Kathedrale aus dem 15. Jh. mit einem großzügig gestalteten Portal. Sehenswert ist auch der von Giuseppe Biasi gestaltete Bahnhof oder Schmalspurbahn Palau–Sassari.
50 km südwestl. von Porto Cervo

SEHENSWERTES
Fonte Rinaggiu

Spaziert man auf der Viale Fonte Nova bis zum Ende, gelangt man in einen schönen Pinienwald. Von hier aus ist es noch eine Viertelstunde Weg, bis man zu Fonte Rinaggiu gelangt, eine Quelle, aus der man mithilfe kleiner Glaskrüge, das gesunde Wasser schöpfen und trinken kann.

ÜBERNACHTEN

Petit Hotel

Blick auf die Berge – Ein kleines, nettes und modernes Mittelklassehotel unweit der Viale Fonte Nova. Einige der Zimmer bieten einen sehr schönen Blick auf die Berge.

Lago de Gasperi 9/11 | Tel. 0 79 63 11 34 | www.petit-hotel.it | 59 Zimmer | €€

ESSEN UND TRINKEN

RESTAURANTS

Il Giardino

Schönes Ambiente – Eine typische Trattoria in einem Bergdorf, das nicht permanent von Touristen überrannt wird: Es wird traditionell sardische Küche serviert, die Räume sind schlicht, der Service korrekt.

Via Cavour 1 | Tel. 0 79 67 12 47 | 18 –22.30 Uhr | Mi geschl. | €

EINKAUFEN

GESCHENKE

Suberis

Es ist nahezu unglaublich, was die Sarden aus Kork herstellen können: Kleidung, Decken, Taschen – um nur einen kleinen Teil zu nennen. Das ist kein Handwerk mehr – das ist Kunst.

Via Roma 47 | www. suberis.it.

KULINARISCHES

Cantina Sociale Gallura

Die Gallura gehört mit zu den wichtigsten Weinanbaugebieten der Insel – vor allem von Weißweinen. In der Weingenossenschaft Cantina Sociale Gallura können Sie sehr gute Weine kaufen.

Via Val di Cossu 9 | www.cantinagallura. it | geöffnet Mo–Fr 8–12 und 14–18 Uhr, Sa 9–13 Uhr.

Die Korkproduktion hat in Tempio Pausania Tradition. Die Schälarbeit an den Korkeichen erfolgt im Sommer, die Bäume müssen mindestens 20 Jahre alt sein (▶ S. 78).

ALGHERO UND DER WESTEN

Der Westen Sardiniens ist sehr viel rauer als andere Gegenden, Teile der Küste sind kaum erreichbar. Nur dort, wo der Wind keine Angriffsfläche hat, haben sich Menschen niedergelassen und kleinere und größere Städte gegründet.

Rund 300 Seemeilen trennen die Stadt Alghero vom spanischen Festland. Sie liegt fast gegenüber von Barcelona. Eine Besonderheit hat sich die Stadt bis zum heutigen Tag bewahrt: ihre Sprache. Viele Einwohner sprechen noch Katalanisch, die Straßenschilder sind häufig sogar zweisprachig. Die spanischen Eroberer kamen einst über das Meer und prägten Alghero.

Dann gibt es noch Sassari, die Stadt, die immer versuchte, ihre große Schwester Cagliari zu überflügeln. Gelungen ist es ihr allerdings nie. Zwar wuchs der Ort ab dem 13. Jh. – viele Menschen zogen nach Sassari ins Hinterland, um vor der Malaria an der Küste zu fliehen. 1617 wurde hier sogar die erste Universität Sardiniens gegründet, aber 1652 kam das

◄ In der Altstadt von Alghero kühlt es im Sommer angenehm ab (▶ S. 81).

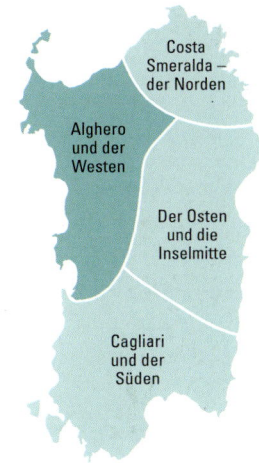

Costa
Smeralda –
der Norden

Alghero
und der
Westen

Der Osten
und die
Inselmitte

Cagliari
und der
Süden

schleichende Ende: Fast die Hälfte der Bevölkerung fiel der Pest zum Opfer. Von dem kurzen Wohlstand blieben dennoch viele Zeugnisse erhalten: barocke Kirchen und prächtige Klöster.

Aufstieg und Fall kennt auch die jüngste der sardischen Provinzstädte, Oristano, die im 14. Jh. ihre Blütezeit erlebte. Unter spanischer Herrschaft allerdings bröckelte der Glanz, die Stadt verlor ihre Bedeutung und verkam zu einer Provinzstadt. Heute leben ca. 32 000 Menschen in Oristano, trotzdem wirkt die Stadt immer noch angenehm dörflich. Auch im Hinterland findet man alles andere als städtische Betriebsamkeit: Nuraghen, romanische und pisanische Kirchen in kleinen Dörfern, Ruhe und Einsamkeit in einer manchmal etwas kahlen Landschaft.

ALGHERO

🏖 B 4

40 000 Einwohner
Stadtplan ▶ S. 83

Blumengeschmückte Balkone in engen Gassen, in die sich die Sonnenstrahlen ihren Weg bahnen, herzliche Menschen in einer Stadt, die leichtlebiger wirkt als die Städte im Süden. Alghero ist eine Stadt des Lichts. Von hier aus kann man wunderbar den ganzen Nordwesten der Insel erkunden. Vielleicht liegt es an den malerischen Stränden oder der quirligen Altstadt – in Alghero gibt es mehr Feriengäste als sonst irgendwo auf Sardinien. Bereits Anfang des 20. Jh. kamen die Mitglieder des italienischen Königshauses hierher, um in ihrem Ferienhaus Villa Las Tronas Sommerfrische zu tanken. Sehr schnell entdeckten auch die Briten die Vorzüge dieser hellen und freundlichen Stadt. Spätestens seit die Fluggesellschaft Ryanair Alghero direkt anfliegt, reisen heute vor allem viele Deutsche nach Alghero, um die Sonne zu genießen, wobei es hier etwas kühler ist als im Süden der Insel. Im 14. Jh. kamen katalanische Siedler und erweiterten die Befestigungsanlagen der Genueser. Auf der wuchtigen Stadtmauer kann man nun zwischen der Torre della Maddalena und der Piazza Sulis spazieren gehen. Etwa 70 % der Einwohner Algheros sprechen Italienisch und Katalanisch; einige Familien pflegen sogar noch katalanische Traditionen.

Berühmt ist Alghero vor allem wegen der Korallenschmuck-Herstellung. Und wenn Sie schon einmal hier sind, dann sollten Sie auch die hervorragenden Langusten probieren. Zugegeben, Alghero ist nicht gerade billig. Aber ein Aufenthalt hier, und sei es nur für ein paar Stunden, gehört zu einem Sardinienaufenthalt einfach mit dazu.

SEHENSWERTES

Palazzo d'Albis

Der schön restaurierte Palast stammt aus dem 16. Jh. Hier lebte der Stadtkommandant, und hier residierte auch kurz Kaiser Karl V. Schön ist auch die Piazza, auf die der Palast gebaut wurde: ein lang gestreckter Platz mit sorgfältig restaurierten Fassaden.

Piazza Civica

Porto Conte

Ein kleines Stück nördlich von Alghero finden Sie in der Bucht Porto Conte den alten römischen Hafen Portus Nimpharum (Hafen der Nymphen), den einzigen natürlichen Hafen Sardiniens.

San Francesco

Eine wohltuende Oase der Stille mitten in der Stadt ist die von Franziskanermönchen erbaute Kirche San Francesco. Das goldgelbe Gestein des Gotteshauses strahlt eine angenehme Wärme aus. Die gotische Kirche aus dem 14. Jh. wurde im 16. und 17. Jh. erweitert und mittlerweile sehr schön restauriert. Besonders sehenswert sind der Altarraum, der Kreuzgang und der Innenhof, der im Sommer häufig als Konzertarena genutzt wird.

Via Carlo Alberto | während der Messen geöffnet

❷ Santa Maria

Der achteckige Glockenturm der Kathedrale ist der höchste Punkt Algheros. Mit dem Bau der Kirche wurde 1552 begonnen, fertiggestellt wurde sie 1730. Die fünf Kapellen der Kathedrale sind sternförmig angeordnet. Besonders sehenswert ist der Barockaltar aus Marmor.

Piazza Duomo | tgl. 7–12, 17.30–19.30 Uhr

ÜBERNACHTEN

Il Gabbiano

Schönes Ambiente – Strand, Blick aufs Meer und Abende auf dem Balkon: Dieses Hotel ist ideal für Genießer, die sowohl Strand- als auch Stadtleben lieben. Der Service ist freundlich, das Ambiente stilvoll.

Via Garibaldi 97 | Tel. 0 79 95 04 07 | www.hotelilgabbianoalghero.it | €€

❸ San Francesco

Im Herzen der Altstadt – Wohnen im Kloster. Nur die Kirchenglocken unterbrechen die göttliche Ruhe.

Via Ambrogio Machin 2 | Tel. 0 79 98 03 30 | www.sanfrancescohotel. com | 20 Zimmer | €€

Villa Las Tronas HOTEL & SPA

Atemberaubende Lage – Im Jahre 1880 wurde die elegante Villa des Grafen Arborio-Mella di Sant'Elia am südlichen Stadtrand von Alghero in atemberaubender Lage erbaut. Das italienische Königshaus machte um die Jahrhundertwende in diesem Haus gern Ferien. Zum Hotel wurde es erst in den 1960er-Jahren umfunktioniert.

Lungomare Valencia 1 | Tel. 0 79 98 18 18 | www.hotelvillalastronas.it | 19 Zimmer, 5 Suiten | €€€€

ESSEN UND TRINKEN

RESTAURANTS

❹ Al Tuguri

Persönlicher Service – In diesem winzigen, liebevoll eingerichteten Restaurant werden Sie noch vom Chef persönlich bedient. Die Küche wartet vor allem mit sardischen Spezialitäten auf: Spanferkel und diverse Spieße, aber auch Fisch und Meeresfrüchte. Rechtzeitig reservieren!

Via Maiorca 113 | Tel. 0 79 97 67 72 | www.altuguri.it | Mo–Sa ab 19.30 Uhr | €€€

❺ Cecchini

Speisen mit Meeresblick – Früher kannte man das Restaurant unter dem Namen »La Lepanto«. Das Cecchini ist ein alteingesessenes Lokal mit einem sensationellen Panoramablick. Freuen Sie sich auf gute Fischküche, basierend auf traditionellen Rezepten. Gute Weißweine aus der Umgebung. Man sitzt schön auf einer Terrasse zum Meer.

Via Carlo Alberto 135 | Tel. 0 79 97 91 16 | www.lalepanto.com | tgl. ab 20 Uhr | €€€

❻ Dieci Metri

Risotto-Spezialitäten – Für alle, die von Pasta nichts mehr wissen wollen. Sehr zu empfehlen: der Risotto mit Meeresfrüchten. Der Service ist zuvorkommend und freundlich, man sitzt abseits vom Tourismusstrom.

Via Barcelonetta 11 | Tel. 0 79 97 90 23 | tgl. 12–14, 18–22.30 Uhr | €€

Alghero

Romantischer Sonnenuntergang

Sie sollten diese unglaubliche Sonnenuntergangsstimmung in Alghero erleben. Vor allem an der Uferpromenade in den frühen Abendstunden. Und um den Genuss des Sonnenunterganges perfekt zu machen, gönnen Sie sich einen Cocktail in der Buena Vista Bar. Romantischer geht es definitiv kaum (▶ S. 13).

7 Il Pavone ▶ S. 28

EINKAUFEN

GESCHENKE

I.S.O.L.A.

Wie alle Läden dieser Vereinigung ist auch dieses Geschäft sehr liebevoll ausgestattet. Die handgefertigten Stücke sind von ausgezeichneter Qualität und bieten einen umfangreichen Überblick über das sardische Kunsthandwerk.

Via P. Catalogna 54–56

KULINARISCHES

8 Enodolciaria

Verführerische sardische Süßigkeiten. Weine und Olivenöl.

Via Simon 24 | www.enodolciaria.it

9 Mercato

Jeden Vormittag können Sie sich hier mit frischem Obst, Gemüse und Gewürzen der Region eindecken. Wem der nahe gelegene Fischmarkt in der Via Cagliari zu hektisch ist, der kommt hier auf seine Kosten. Es gibt frische Köstlichkeiten aus der Umgebung.

Via Sassari | tgl. 7–13 Uhr

MODE

Korallenschmuck aus Alghero

Das größte Angebot an Korallenschmuck, aber auch an Gold- und Silberarbeiten finden Sie in den Geschäften der Via Carlo Alberta, Via Columbano und der Via Roma. Nur die roten Korallen stammen vom Capo Caccia und aus dem Meer vor Alghero. Inzwischen stehen die Korallenbänke unter Naturschutz, und die Korallenfischerei unterliegt einer strengen Aufsicht.

Via Carlo Alberto | Via Columbano | Via Roma

Marina Ferraro Gioielli In Corallo

In diesem Atelier erwartet Sie eine vielseitige Ausstellung verschiedener Schmuckstücke, hauptsächlich aus Korallen gefertigt. In der Nebensaison, wenn es etwas ruhiger zugeht, können Sie den Handwerkern bei der Bearbeitung der Korallen über die Schulter schauen.

Via Lido 55

SERVICE

Il Cocchio

Von Juli bis September können Sie in einer Pferdekutsche die Altstadt von Alghero anschauen. Die Fahrten finden täglich zwischen 10 und 23 Uhr statt.

Zu buchen unter Tel. 0 79 97 69 27 | Erw. 7 €, Kinder 5 €

AUSKUNFT

A.A.S.T.

Piazza Porta Terra 9 | April–Okt. Mo–Sa 9–20 Uhr | Tel. 0 79 97 90 54

BUS

ARST

Via Catalogna | www.arst.sardegna.it

Ziele in der Umgebung

 **BOSA** ⭐

8800 Einwohner   ▲ B 5

Bosa ist eine Stadt, die vom Tourismus all die vergangenen Jahre fast unberührt geblieben ist. Da sind auf der einen Seite die Felsen, dann das grüne Tal des Flusses Temo und die Nähe zum Meer. Im »Centro storico« stehen die in die Jahre gekommenen Palazzi. Diese Altstadt, mit ihren aus rotem Trachyt gebauten Häusern, beginnt direkt an den Ufern des Flusses Temo, kriecht dann einen Hang hinauf, bis sie an den Mauern eines beeindruckenden Kastells endet – eine imposante Burganlage, von der aus man einen atemberaubenden Blick ins Tal hat. Die Prachtstraße der Stadt ist der Corso Vittorio Emanuele II. Sie verläuft direkt parallel zum Temo. Hier stehen die großen Palazzi mit ihren Balkonen – alle aus dem 18. und dem 19. Jh. Die Uferpromenade, Lungotemo De Gasperi, gehört ebenfalls zu den Straßen, auf denen es sich entlangzuflanieren lohnt. Hier machen allabendlich noch die Fischerboote fest. Gegenüber sind noch die Gebäudereste der ehemaligen Gerbereien der Stadt zu erkennen. In dieser Industrieanlage Sas Conzas wurde bis in die 1960er-Jahre Leder gegerbt. Heute ist Sas Conzas ein Nationaldenkmal Sardiniens. Nur noch wenige dieser Gebäude sind heute nutz- oder bewohnbar.

40 km südl. von Alghero

SEHENSWERTES

Castello di Serravalle

Anfang des 12. Jh. wurde dieses Kastell bereits erbaut. Erhalten geblieben sind

Im Kloster San Francesco in Alghero (MERIAN TopTen, S. 10) treffen geistliche und weltliche Interessen aufeinander. Ein Teil der Abtei beherbergt heute ein Hotel (▶ S. 82).

die Mauern und Türme. Man kann diese Anlage gut umrunden. Überall eröffnen sich einem andere fantastische Ausblicke. Der Hauptturm, die Torre di Malaspina, kann besichtigt werden.

April– Juni 10–19 Uhr, Juli/August 10–19.30, Sept. 10–18 Uhr | Eintritt 4 €, Kinder 2 €

Cattedrale dell'Immacolata

Nördlich der alten Temobrücke steht dieses üppig ausgestattete Gotteshaus mit sehr schönen Deckengemälden, Stuckaturen und einer großen Orgelempore.

San Pietro Extramuros

Etwa anderthalb Kilometer entlang des Südufers gelangt man zu der rein romanischen Kirche San Pietro Extramuros, was übersetzt »außerhalb der Mau-

ern« heißt. Schon Anfang des 12. Jh. wurde das archaische Kirchlein erbaut, der Turm ist wuchtig, die Außenfassade aus schlichten roten Trachytsteinen.

Mai–Sept. Sa/So 10–19 Uhr, Okt–April 10– 13 Uhr | 2 €

Sas Conzas

Die langsam verfallenden Gebäude der ehemaligen Gerbereien der Stadt haben einen morbiden und faszinierenden Charme. Sie liegen auf der anderen Seite des Temo-Flusses und sind über die Brücke zu erreichen.

🕐 Auch wenn Sie nicht in Bosa übernachten wollen, sollten Sie sich ein wenig Zeit vor Ihrer Abfahrt nehmen. Wenn es dunkel wird, werden die alten Gebäude der Gerbereien beleuchtet. Dieser Anblick ist einmalig.

Das mittelalterlich anmutende Städtchen Bosa (▶ MERIAN Top Ten, S. 10) wird von der über ihr thronenden Festung beschützt, die Anfang des 12. Jh. gebaut wurde (▶ S. 85).

ÜBERNACHTEN
Al Gabbiano

Solides Mittelklassehotel – Das Haus ist durchschnittlich mit nettem Service. Das Hotel hat einen eigenen Strandabschnitt. Die Zimmer sind unaufgeregt und praktisch eingerichtet.

Viale Mediterraneo 5 | Tel. 07 85 37 41 23 | www.hotelalgabbiano.it | 30 Zimmer, 2 Suiten | €€

Hotel Palazzo Pischedda

Edler Jugendstil – Das Hotel am Ortseingang von Bosa ist eine alte Jugendstilvilla. Von hier aus ist man schnell in der Stadt. Einige Zimmer haben eine Terrasse oder einen Balkon mit grandiosem Blick auf die Altstadt.

Via Roma 8 | Tel. 07 85 37 30 65 | www.hotelspischedda.com | 30 Zimmer | €€

Sporting Hotel Stella Maris

Sportliche Atmosphäre – Es ist nett hier, familiär auf der einen Seite, sportlich-aktiv auf der anderen. Die Zimmer sind klassisch praktisch eingerichtet und sehr sauber. Nahezu unübertrefflich ist der Genuss eines Cappuccinos auf der Terrasse mit Blick auf den Temo. Hotelier Francesco Massa liebt sämtliche Outdoor-Aktivitäten wie beispielsweise Mountainbike- und Trekkingtouren, die er gern für seine Gäste organisiert.

Via Cristoforo Colombo 11-13 | Tel. 07 85 37 51 62 | www.stellamarisbosa.com | 50 Zimmer | €€

ESSEN UND TRINKEN
RESTAURANTS
Lido Chelo

Lokale Spezialitäten – Ob Menü oder einzeln aus der Karte bestellte Spezia-

Woller

Möchten Sie m... gen durch die W... Highlight die letz... ens beobachten? K... müssen den vierra... ...iebenen Geländewagen nicht selbst fahren, während sie dabei in die Tiefe der Schluchten schauen. Dafür steht Ihnen ein kundiger Fahrer zur Verfügung. Welche Route Sie auch immer nehmen möchten: Diese Abenteuer können Sie täglich im Hotel Stella Maris buchen!

Via Cristoforo Colombo 11-13 | Tel. 07 85 37 51 62 | www.stellamarisbosa.com.

litäten: Das Essen ist köstlich, liebevoll angerichtet und höflich, dezent serviert. Sehr gut sind die Lammgerichte.

Bosa Marina | Lungomare Mediterraneo | Tel. 07 83 32 40 08 | www.lidochelo.com | €€

CAFÉS, BARS
Puerto Escondido

Nette Atmosphäre – Ob Sie am Nachmittag einen Espresso trinken möchten oder am Abend einen Sundowner genießen wollen: Im Puerto Escondido sitzt es sich gemütlich mit Blick aufs Meer.

Bosa Marina | Lungomare Mediterraneo | €€

◎ GROTTA DI NETTUNO   B 4

Eine der schönsten Tropfsteinhöhlen Sardiniens, insgesamt 1200 m sind begehbar. Fast noch beeindruckender ist orthin: Auf über 700 Stufen die Treppe Escala di Cabirol zur eptunsgrotte am Capo Caccia hinunter, wofür Sie ungefähr 20 Min. benötigen. Sie sollten etwa die doppelte Zeit für den mühsamen Aufstieg einplanen.

Tgl. 8–19 Uhr | stündliche Führungen | Eintritt 15 €

15 km westl. von Alghero

◎ PALMAVERA ⚑ B 4

In der Nähe von Fertilia liegt diese Nuraghenfestung, eine ganz aus weißem Stein gebaute Wehranlage, die etwa um 1000 v. Chr. entstanden ist. Die Schmuckstücke, die bei Ausgrabungen gefunden wurden, sind heute im Museo Nazionale G. A. Sanna in Sassari zu sehen.

10 km westl. von Alghero

ORISTANO ⚑ C 6

32 000 Einwohner

Stadtplan ▸ S. 89

Oristano ist nicht nur die kleinste Hauptstadt Sardiniens, sie ist sogar die kleinste Hauptstadt der kleinsten sardischen Provinz. Erst 1974 wurde der vor der Sinis-Halbinsel gelegene Ort zur vierten Provinzhauptstadt ernannt. Touristen verirren sich nicht sehr häufig hierher. Die Altstadt von Oristano ist dennoch erlebenswert, denn auch hier erfährt man das alltägliche sardische Leben. Das Zentrum dieses urbanen Lebens bildet auch heute noch die Piazza Eleonora. Die gemütliche Fußgängerzone – der Corso Umberto – verbindet die Piazza Eleonora mit der Piazza Roma, wo es die meisten Geschäfte und Restaurants gibt. Die Kirchen und Türme der ehemaligen Stadtmauer aus dem 11. Jh. sind die interessantesten Sehenswürdigkeiten. Diese können alle bequem zu Fuß erreicht werden.

MUSEEN UND GALERIEN

❶ Antiquarium Arborense

Im Museum gibt es archäologische Fundstücke von der Halbinsel Sinis und aus Tharros. Bronzelampen, Keramik und Waffen nuraghischer Herkunft sind hier ebenso ausgestellt wie punische Terrakottafiguren und Goldschmiedearbeiten aus römischer Zeit. Außerdem kann man eine Reihe von Gemälden von Künstlern aus der Umgebung sehen.

Piazza Corrias | www.antiquariumarborense.it | Mo–Fr 9–20, Sa, So 9–14, 15–20 Uhr | Eintritt 5 €, Kinder 2,50 €

ÜBERNACHTEN

IS ARENAS ▸ S. 24

❷ Palace Hotel Mariano IV

Großzügiges Stadthotel – Von hier gelangen Sie gut zum Denkmal der schönen Eleonora an der gleichnamigen Piazza, um dort an der abendlichen »passeggiata« teilzunehmen.

Piazza Mariano 50 | Tel. 07 83 36 01 01 www.m4ph.eu | 81 Zimmer | €€

ESSEN UND TRINKEN

RESTAURANT

❸ Il Faro

Spezialitäten aus Sardinien – Edle regionale Küche wird hier im klassischen Jugendstilambiente serviert. Sehr gute Meeresfrüchte. Sie sollten den gegrillten Tintenfisch probieren. Er ist sehr zart und wirklich delikat.

Via Bellini 25 | Tel. 0 78 37 00 02 | Aug.–Juni Mo–Sa 19–23 Uhr | €€€

EINKAUFEN

4 Markthalle

Vormittags können Sie hier Früchte und frisches Gemüse einkaufen.

Via Mazzini

Ziele in der Umgebung

◎ **MARINA DI TORRE GRANDE** ⚓ B 6

Der kleine Ort, in dem sich hauptsächlich Einheimische am Wochenende einen Kurzurlaub gönnen, ist ein klassisches Naherholungsgebiet der Sarden und von Touristen noch weitgehend übersehen. Lohnenswert ist Marina di

Torre vor allem wegen des herrlichen langen Sandstrands. Und: Entlang der Strandpromenade reihen sich zahlreiche Cafés, Bars und kleinere Geschäfte.

10 km westl. von Oristano

◎ **MONTEVECCHIO** ⚓ C 7

Noch bis Mitte der 1960er-Jahre wurde in dieser Bergwerkssiedlung Blei und Zink abgebaut. Seitdem stehen die Anlagen größtenteils still und verfallen langsam. Glücklicherweise gibt es inzwischen Ideen und Bestrebungen, diesen Ort in ein Industriemuseum zu

Verfall kann auch schön sein

Vor allem, wenn man ihn in Montevecchio mit dem Fotoapparat erlebt. In dem einstigen Bergarbeiterdorf sind die Minen geschlossen, die Förderbänder stehen still, die Anlagen verfallen langsam. Ein großartiges Szenario in der langsam untergehenden Sonne (▶ S. 13).

verwandeln. Der Ort selbst hat einige schöne Palazzi aus dem 19. Jh., die ebenfalls durchaus fotogen sind.

55 km südl. von Oristano

PORTO ALABE · B 5

Eigentlich wäre Porto Alabe, unweit von Bosa, nur ein kleiner unaufgeregter Ort, wenn es da nicht diese atemberaubende Küstenlandschaft gäbe. Eine Steilküste, die immer flacher wird. Im Winter leben hier nur wenige Menschen, denn es kann dann – durch Wind und Regen – durchaus ungemütlich werden. Erst im Sommer kehren alle zurück. Herrliche Abende lassen sich hier verbringen, wenn die Sonne im Meer versinkt.

9 km südl. von Oristano

SAN LEONARDO DE SIETE FUENTES · C 5

Auf dem ältesten Pferdemarkt Sardiniens, der immer vom 2. bis 4. Juni stattfindet, kaufen und verkaufen Sarden vom Turnierpferd bis zum Pony alles, was wiehert. Hier sieht man auch einige der ehemaligen Wildpferde der Giara di Gesturi.

30 km nördl. von Oristano

SANTA GIUSTA · C 6

4400 Einwohner

Auf einem Hügel im Norden dieses kleinen Orts erwartet Sie die gleichnamige Kirche. Das Gotteshaus ist ein wunderbares Beispiel pisanischer Romanik auf Sardinien.

3 km südl. von Oristano

STAGNO DI SANTA GIUSTA · C 6

Ein fischreicher See im Süden der Stadt, eines der größten Feuchtgebiete Sardiniens. Auch hier überwintern die rosafarbenen Flamingos.

4 km südl. von Oristano

THARROS · B 6

Unterwegs zum südlichen Zipfel der Sinis-Halbinsel, am Anfang der Landzunge Capo San Marco, liegen die Ruinen des antiken Tharros – ein 2,5 km langes Mekka für Archäologen und achäologisch Interessierte. Die Reste dieser ehemaligen phönizisch-römischen Hafenstadt stammen aus dem 8. Jh. v. Chr. und sind teilweise freigelegt, teilweise noch unter der Erde. Tharros war eine durchaus reiche Handelskolonie mit einem wichtigen Hafen, der heute unter dem Meeresspiegel liegt. Man geht davon aus, dass Tharros aufgrund der Überfälle der Sarazenen

Was für ein Ausblick!

Gehen Sie südlich von Porto Alabe entlang der Felsküste bis zur Torre Columbargia und genießen Sie die sensationellen Blicke aufs Meer, atmen Sie die unvergleichliche Luft. Anderthalb Stunden unvergessliche Romantik pur (▶ S. 14).

Anfang des 11. Jh. aufgegeben werden musste. An seine Stelle trat dann Oristano. Im Rahmen der Ausgrabungen der vergangenen 150 Jahre wurden kleinere Tempel, Nekropolen und die Überreste diverser Wohnhäuser freigelegt und darüber hinaus eine Nuraghensiedlung entdeckt. Ein Beweis dafür, dass die Landzunge bereits vor der Niederlassung der Phönizier besiedelt war. Ein Großteil der Anlage kann besichtigt werden.

Mai–Sept. tgl. 9–19, Okt.–April 9–17 Uhr |
Eintritt 8 €, Kinder 4 €.
ca. 20 km westl. von Oristano

SEHENSWERTES

San Giovanni di Sinis

Gleich am Anfang der Landzunge Capo San Marco steht das älteste christliche Baudenkmal der Insel: die Kirche San Giovanni di Sinis. Der älteste Teil des Gotteshauses stammt aus dem 5. Jh., der letzte Bauabschnitt stammt aus dem 9. und 10. Jh. Bedauerlicherweise wurde die Kirche vor Kurzem mithilfe von Beton restauriert.

Juni–Sept. tgl. 9–19, Okt.–Mai 9–17 Uhr |
Eintritt frei

SASSARI C 4

122 000 Einwohner
Stadtplan ▸ S. 93

Wenn man sich der zweitgrößten Stadt Sardiniens nähert, empfängt sie einen mit einem eher speziellen Ambiente. Hohe Wohnblocks kesseln den Ort ein. Es folgt der im 19. Jh. angelegte symmetrische Teil, der nicht zu den sehenswertesten Stadtvierteln zählt. Hat man diese zwei Bezirke hinter sich gelassen, landet man in der eigentlichen

Ein Mekka für Archäologen: Die Ruinen der antiken Stadt Tharros an der Westküste Sardiniens, einer ehemals phönizisch-römischen Hafenstadt (▸ S. 90).

Toskana-Feeling

Südlich von Sassari bietet sich Schlichtheit und Stille im toskanischen Gewand. Die Basilica della Santissima Trinità di Saccarigia ist eine beeindruckende kleine Kirche aus weißem Kalk und schwarzem Basalt – typisch toskanisch gestreift eben (▶ S. 14).

Altstadt Sassaris. Politik und Stadtverwaltung von heute legen allerdings nicht allzu großen Wert auf die Restaurierung der Gebäude. Sassari ist keine klassische Touristenstadt. Sie ist Dienstleistungs- und Handelszentrum mit immer weiter wachsenden Bevölkerungszahlen. Im Laufe ihrer jahrhundertealten alten Geschichte haben die Sassaresen schon immer das gemacht, was sie für sich und ihre Stadt für richtig hielten. Im 13. Jh. erklärten sie die Stadt beispielsweise zur freien Republik, wechselten im Konfliktfall mal schnell die Seiten, wehrten sich 400 Jahre lang erbittert gegen die spanischen Besetzer und gegen alle folgenden Fremdherrschaften. Geändert hat sich das Antlitz der Stadt vor allem Ende des 19. Jh. unter der italienischen Herrschaft: In dieser Zeit wurden ein aragonesiches Kastell und die gesamte Stadtmauer abgerissen.

MUSEEN UND GALERIEN

1 Museo Nazionale G. A. Sanna

Dieses archäologische Museum gehört zu den bedeutendsten Sardiniens. Angeschlossen ist eine kleine Pinakothek, die Gemälde italienischer und sardischer Künstler aus dem 14. bis 20. Jh. zeigt.

Via Roma 64 | www.museosannasassari. it | Di–So 9–20 Uhr | Eintritt 5 €, Kinder 2 €

ÜBERNACHTEN

Carlo Felice

Guter Service – Ein edles Haus, jetzt zur Best-Western-Gruppe gehörend, in dem es sich gut wohnen lässt.

Via Carlo Felice 50 | Tel. 0 79 27 14 40 | www.hotelcarlofelice.it | 60 Zimmer | ♿ | €€€

ESSEN UND TRINKEN

2 L'Assassino

Treffpunkt der Sassaresen – In der Nähe der Piazza Tola liegt dieses Restaurant, das vor allem von den Sassaresen gern besucht wird. Spezialitäten: Schnecken und Spanferkel.

Via Pettenadu 19 | Tel. 0 34 90 73 00 37 | www.trattorialassassino.it | Mo–Sa mittags und abends | €

EINKAUFEN

3 Wochenmarkt

Ein schöner großer Markt auf der Piazza Tola. Dieser Platz hat mit seinen Palazzi und seinem Denkmal des Historikers Pasquale Tola genau das richtige Ambiente.

Piazza Tola | Mo–Sa 9–12 Uhr

Ziele in der Umgebung

◎ ISOLA ASINARA B 3

Die Isola dell'Asinara ist – rein geologisch gesehen – eine Verlängerung der Nurra, der nördlichen Landschaft und eine Fortsetzung der Stintino-Halbinsel. Rein geschichtlich gesehen war die Insel lange Zeit eine internationale Quarantänestation – vor allem für Cholerakranke –, die vom italienischen

Staat im Jahre 1884 dort eröffnet wurde. Ende des 19. Jh. errichtete man auf der Insel eine Strafkolonie und richtete später ein Hochsicherheitsgefängnis ein. Jahrzehntelang war die Insel Sperrgebiet, niemand durfte die Isola dell'Asinara betreten. Erst Ende der 1990er-Jahre wurde die Insel wieder geöffnet und zum Nationalpark Parco Nazionale dell'Asinara erklärt. Eine Besonderheit dieser Insel sind ihre weißen Esel, deren Herkunft bis heute nicht ganz geklärt ist. Tägliche Überfahrten von Porto Torres finden von Mai bis September statt. Besichtigen kann man die Insel mit einem kleinen nicht klimatisierten Zug (www.treni noasinara.it) oder mit einem Landrover (www.parcoasinara.com).

55 km nordwestl. von Sassari

◎ OSCHIRI   ⚐ D 4

Ganz einsam steht sie da, eine der berühmten Kirchen Sardiniens: die Santissima Trinità di Saccargia. Ihr Mauerwerk besteht aus schwarzem Basalt und weißem Kalkstein – so wie man es beispielsweise aus Siena kennt. Sie ist eine beeindruckende kleine Kirche aus dem 12. Jh. mit einer Vorhalle, die von Säulen gesäumt ist, kleinen bunten Medaillons in der Fassade und Fresken,

die vermutlich von einem pisanischen Künstler aus dem 13. Jh. stammen.

18 km südöstl. von Sassari

◎ PORTO TORRES B 3

22 000 Einwohner

Porto Torres ist eine wirtschaftlich durchaus wichtige Stadt für Sardinien. Und sie ist eine der wenigen durch Industrie geprägten Städte mit Raffinerien und einem großen Hafen. Hier machen die wichtigsten Fährschiffe von Genua kommend fest, um Touristen und Italiener auf die Insel zu bringen. Wichtig ist die Stadt schon seit ihrer Gründung im 1. Jh.v. Chr., denn schon damals war sie durch ihre Lage direkt am Meer bedeutender Handelsplatz. Im Laufe der nächsten Jahrhunderte entstanden beeindruckende Patrizierhäuser, eine Burg und nach dem Zuzug diverser Mönchsorden auch romanische Kathedralen. Die Basilika San Gavino in Porto Torres ist das größte romanische Gebäude Sardiniens. In der Krypta befinden sich drei Sarkophage mit den Reliquien der Heiligen Gavino, Gianuario und Proto. Jedes Jahr am 3. Mai werden sie in einer feierlichen Prozession in eine kleine Kirche östlich von Porto Torres getragen. An Pfingsten werden sie in die Basilika zurückgebracht, was in Porto Torres mit einem bunten Volksfest gefeiert wird.

Tgl. 9–13 und 15–19 Uhr

20 km nordwestl. von Sassari

◎ STINTINO B 3

1350 Einwohner

Auf der gleichnamigen Halbinsel ganz im Nordwesten Sardiniens liegt dieses hübsche Fischer- und Feriendorf Stintino. Besonders reizvoll ist die Lage des Ortes: exakt zwischen zwei kleinen Fjorden, dem Porto Mannu im Norden und dem Porto Minori im Süden. Aufgrund der windgeschützteren Lage, ist es hier relativ ruhig – perfekt für die Jachten der Ferienhausbesitzer von Stintino, die in dem Sporthafen des Ortes ihre Bote vertäut haben. Stintino ist, für sardische Verhältnisse, ein noch relativ junger Ort, er wurde erst im Jahre 1885 gegründet. Viele seiner Bewohner sind Nachfahren der Hirten und Fischer, die vor rund 150 Jahren von der vorgelagerten Insel Asinara hierher umgesiedelt wurden, weil man ihre Heimat zu einer der bestbewachten Gefängniskolonien Italiens auserkoren hatte. An die Vergangenheit erinnert nur noch die ehemalige Thunfischfabrik am Porto Nuovo. Heute ist hier ein Museum untergebracht, das den Thunfischfang auf Sardinien dokumentiert.

45 km nordwestl. von Sassari

SEHENSWERTES

Capo del Falcone

Ganz im Norden der Halbinsel liegt die Landzunge Capo Falcone, mit zwei herrlichen Aussichtspunkten: der Punta Negra und dem Capo del Falcone. Auf Letzterem steht ein Turm aus dem 16. Jh.

MUSEEN UND GALERIEN

Museo della Tonnara

Mithilfe von Fotos und beeindruckendem Filmmaterial wird in diesem Museum gezeigt, mit welchen Methoden man früher Thunfische fing, die es rund um Sardinien noch gab. Darüber hinaus werden auch die Veränderungen in der Fischverarbeitung und den Konservierungsmethoden erläutert.

Juli–Okt tgl. 17–22 Uhr | Eintritt 2 €, Kinder 1€

ÜBERNACHTEN

Geranio Rosso

Familiäre Atmosphäre – Ein kleines Haus inmitten der Altstadt von Stintino. Nicht aufregend, aber sehr nett eingerichtet mit allem, was man benötigt. Die Atmosphäre hier ist sehr freundlich und zuvorkommend.

Via XXI Aprile 8 | Tel. 0 79 52 32 92 | www.hotelgeraniorosso.it | 15 Zimmer | €

ESSEN UND TRINKEN

RESTAURANTS

Ristorante Silvestrino

Beste Meeresfrüchte – Dass die Fischer Stintinos tatsächlich noch mit ihren Booten rausfahren und ihren Fang den Hotels verkaufen, mag man spätestens in diesem Restaurant glauben: Der Fisch und alle anderen Gerichte der Meeresküche sind hervorragend.

Via Sassari 14 | Tel. 0 79 52 34 23 | www.hotelsivestrino.it | Juni–Sept tgl. 1–22 Uhr | €€

KULTUR UND UNTERHALTUNG

Lu Fanali

Gute Stimmung – Auch wenn man hier durchaus an die 20 verschiedene Sorten Pizza bekommt, ist es vor allem nett, abends unter den Segeltuchplanen auf der Terrasse einen Cocktail zu trinken. Das Lokal liegt direkt am Hafen von Stintino und bietet einen wundervollen Blick auf das Meer.

Lungomare Cristoforo Colombo 89 | www.lufanali.it | Mi geschl. | €€

Vom Balai Strand aus sieht man die Basilika San Gavino a Mare. Sie steht an einer Felsenbucht östlich von Porto Torres und ist das größte romanische Gebäude Sardiniens (▶ S. 94).

CAGLIARI UND DER SÜDEN

Der Süden ist das grüne Herz und der fruchtbarste Landstrich Sardiniens. Mit seiner relativ lockeren Bebauung, dem vielen Grün, den Bergwäldern, der beschaulichen Ländlichkeit und dem betriebsamen Leben der Hauptstadt bietet er Feriengästen eine große Vielfalt.

Im Frühling ernten Bauern die sonnengereiften, saftigen Mandarinen und Apfelsinen. In den Vogelparadiesen der Flumendosa-Mündung und in der Gegend um Muravera im Südosten herrscht Hochbetrieb. Flamingos, Kormorane und unzählige Reiher sind mit Brüten beschäftigt. Im Sommer bevölkern Sonnenhungrige die weißen Strände an der Costa Rei, der Königsküste. Geschützt von kleinen Felsen, die den 10 km langen Strand in kleine, verwunschene Buchten teilen. Die Einheimischen treffen sich aber auch gern am Poetto, dem Stadtstrand von Cagliari. Der Sommer ist auch leider die Zeit der Brände, deren Ursache nur selten geklärt wird. Im August ist die Insel am stärksten besucht. Sardiniens Hauptstadt hängt dann unter einer Hitzeglocke, in der es etwas stiller wird. Die meisten Sarden haben in diesen Wochen frei und fliehen dann aufs Land, um dort Urlaub zu machen.

◄ Blick auf Sardiniens geschäftige Hauptstadt Cagliari bei Sonnenuntergang (▶ S. 97).

CAGLIARI

🔖 D7

Ca. 165 000 Einwohner
Stadtplan ▶ Klappe hinten

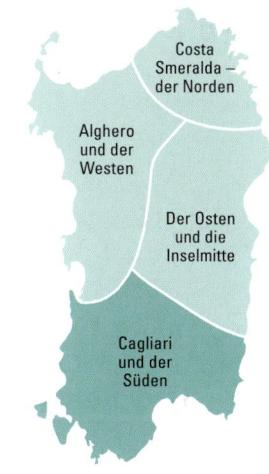

Echten sardischen Alltag – so erlebt man ihn nur in Cagliari. Autos, die sich hupend durch die Straßen vorwärtsbewegen, geschäftige Menschen, die telefonierend an den Ecken stehen. Die Stadt reißt die Besucher mit: das pulsierende Leben, der tosende Verkehr, die zu Stein gewordene Geschichte. In Cagliari fühlt man sich nicht wie ein Tourist, man gehört einfach mit dazu. Ruhe suchende Urlauber und Cagliaritaner flüchten gern auf die **Bastione San Remy** 6 oberhalb der Piazza Costituzione. Cagliaris Geschichte reicht bis in die prähistorische Zeit zurück, wie 7000 bis 6000 Jahre alte Funde beweisen. Die Phönizier gründeten im 7. Jh. v. Chr. die Siedlung Karali, das heutige Cagliari. Im 3. Jh. v. Chr. eroberten die Römer die Stadt, die unter ihrer Herrschaft eine Blütezeit erlebte. In der Folgezeit wurde Cagliari von Ostgoten und Vandalen angegriffen, es kam zu Überfällen von Piraten und Sarazenen. Auch die Mauren, Genueser und Pisaner versuchten, die Stadt unter ihre Herrschaft zu bringen. Nach der Eroberung der Spanier 1326 wurde Cagliari endgültig zur Hauptstadt Sardiniens. Heute ist Cagliari die bedeutendste Handelsstadt der Insel. Sie ist Verwaltungs- sowie Dienstleistungszentrum und in den vergangenen Jahren wird auch der Tourismus immer wichtiger für die Stadt, denn die Kreuzfahrt-Reedereien haben Cagliari für sich entdeckt. Der geschützte Hafen bietet Liegeplätze für Passagier,- Fähr- und Containerschiffe. Unweit des Hafens befindet sich das Marina-Viertel – ein früher düsterer und verruchter Stadtteil. Jetzt hingegen ein Quartier mit hervorragenden Restaurants, kleinen Trattorien und Afterwork-Bars. Laut, aber schön und authentisch ist die Via Roma, die quasi den Hafen vom Marina-Viertel trennt. Mit ihren Palmen, den Cafés unter ihren Arkaden ist sie eine Straße, in der man das Leben in der Stadt bestens erahnen kann. In der Via Garibaldi und in der Via G. Manno, den vor Menschen nur so wimmelnden engen Haupteinkaufsstraßen, reiht sich Geschäft an Geschäft.

SEHENSWERTES

1 Anfiteatro Romano

Größtes römisches Bauwerk der Insel, im Nordwesten des Zentrums gelegen. Das römische Theater wurde im 2. Jh. in elliptischer Form aus den Felsen herausgehauen. Seine Ausmaße sind erstaunlich: Es hat eine Fläche von über 1000 qm, und die Sitzreihen boten etwa 20 000 Menschen Platz. Unter den Tribünen befanden sich die Räume und Gänge für die Gladiatoren sowie Tiergraben, die teilweise noch erhalten sind. Via Sant'Ignazio da Laconi | www.anfi teatroromano.it

⭐ Bastione San Remy

Hoch über der lärmenden Piazza Costituzione wartet eine Oase der Ruhe: die 1901 erbaute Bastione San Remy. San Remy wurde im klassizistischen Stil als Aussichtsterrasse für die städtische Bevölkerung gebaut. Von hier aus kann man gut über Teile der Stadt und den Hafen blicken. Die gute Lage haben in den letzten Jahren auch Gastronomen entdeckt.

Nostra Signora di Bonaria

Eine der meistbesuchten Wallfahrtskirchen Sardiniens, idyllisch auf einem Hügel gelegen. Der Klosterkomplex besteht aus einer Wallfahrtskirche, einem Kreuzgang und der großen Basilika. Beeindruckend ist die Freitreppe, die erst 1970, anlässlich des Papstbesuchs von Paul VI. in Sardinien gebaut wurde. Die Madonna di Bonaria ist die Schutzheilige der Fischer und Seeleute. Einer Legende nach wurde das Holzbildnis der Muttergottes im Jahre 1370 am Strand unterhalb der Wallfahrtskirche angeschwemmt. Besonders sehenswert ist die Barockfassade der Basilika, die schon vom Meer aus zu sehen ist. Im Kreuzgang zeigen Votivbilder Darstellungen von Unglücken und wunderbaren Errettungen. Piazza Bonaria

② Orto Botanico

Westlich der Innenstadt im Universitätsviertel gelegen, bietet der 5 ha große Garten einen guten Überblick über die sardische Flora. Der zum Botanischen Institut der Universität gehörende Garten erstreckt sich bis zum römischen Amphitheater. Interessant ist auch das dazugehörige Herbarium, in dem über 20 000 Trockenpflanzen gezeigt werden. Via Sant'Ignazio da Laconi 13 | www.ccb-sardegna.it | Mo, Mi–Fr 8–13, Di 8–13, 15–18 Uhr | Eintritt 2 €

③ San Saturno

Mit dem Bau der ältesten Kirche Sardiniens wurde schon im 5. Jh. begonnen. Die Kuppel, 17 m hoch, stammt aus dieser Zeit und diente als Vorbild für zahlreiche andere Kirchen. Piazza San Cosimo

MUSEEN UND GALERIEN

④ Collezione Sarda »Luigi Piloni«

Sehenswerte Privatsammlung von historischen Landkarten, Schmuckstücken und Zeichnungen der Insel. Via Università 38 | Sept.–Juni Mo–Fr 10–13, Juli, Aug. auch Di, Do 16.45–19.45 Uhr | Eintritt frei

Galleria Comunale d'Arte

In dieser städtischen Kunstgalerie erwartet Sie eine eindrucksvolle Sammlung aller bedeutenden Künstler Sardiniens. www.galleriacomunalecagliari.it | Sommer Do–Di 9–13, 17–21, Winter 10–18 Uhr | Eintritt 6 €

⑤ Museo Archeologico Nazionale

Ein Besuch des Nationalmuseums lohnt sich, weil es das bedeutendste archäologische Museum der Insel ist.

Cittadella dei Musei | Piazza Arsenale 1 | Di–So 9–20 Uhr | Eintritt 4 €, mit Pinakothek 5 €, Kinder 2 €, mit Pinakothek 2,50 €.

6 Museo delle Ferrovie

Eisenbahnmuseum, in dem nicht nur Kinder leuchtende Augen bekommen.
Monserrato | Via Pompeo | Tel. 0 70 58 02 46 | Di, Mi 9–13, 15–18 Uhr | Eintritt 5 €

ÜBERNACHTEN

Forte Village

Wohnen mit Stil – Luxus mit hohem Wohlfühl- und Ferienfaktor: Sieben Vier- und Fünf-Sterne-Hotels mit insgesamt 770 Zimmern, 21 Restaurants, zahlreichen Sportangeboten und Streichelzoo für Kinder auf einem herrlichen Gelände direkt am Meer gelegen.

S. Margherita di Pula | SS 195, km 39,8 | Tel. 07 09 21 71 | www.fortevillageresort. com | 770 Zimmer | €€€€
25 km südl. von Cagliari

7 Regina Margherita

Bestes Stadthotel – Sehr zentrale Lage, die Zimmer sind sehr modern ausgestattet. Von hier aus können Sie die Stadt herrlich zu Fuß erobern.
Viale Regina Margherita 44 | Tel. 0 70 67 03 42 | www.hotel reginamargherita. com | 100 Zimmer | €€€

Hotel Mediterraneo

Perfekte Lage – Gerade frisch renoviertes Haus in günstiger Lage: Von hier aus können Sie bequem zu Fuß die Altstadt, den Hafen und das Amphitheater erkunden; zum Strand Poetto fahren Sie nur etwa 8 Min.

Die Bastione San Remy (MERIAN TopTen, ▶ S. 11) thront über dem lärmenden Großstadttreiben und ist eine Oase der Ruhe (▶ S. 98).

Via Cristoforo Colombo 46 | Tel. 0 70 34 23 61 | www.hotelmediterraneo.net | 124 Zimmer, 12 Suiten | €€€

ESSEN UND TRINKEN
RESTAURANTS

8 4 Mori

Regionale Spezialitäten – Das Restaurant bietet gute sardische Küche. Viele Fischgerichte, aber auch Rezepte aus dem Inselinneren, wie zum Beispiel Lamm.

Via Giovanni Maria Angioy 93 | Tel. 0 70 65 02 69 | Mo–Sa | €€€€

9 Enò

Gehobene Küche – Wer edle sardische Küche genießen möchte, ohne sich in einen angesagten Gourmettempel zu begeben, ist im Enò genau richtig. Die Atmosphäre ist auf angenehme Art persönlich. Die Küche ist ausgezeichnet, die Kreationen äußerst schmackhaft. Zum Restaurant gehört außerdem eine nette Weinbar.

Vico Carlo Felice 10/12 | Tel. 07 76 84 82 43 | www.enorestaurant.it | tgl. 12.30–15, 20–23 Uhr | €€€

10 Gennargentu

Geheimtipp im Marina-Viertel – Das Essen ist fantastisch. Köstlich sind die Fischgerichte, vor allem »zuppa frutti di mare« oder »zuppa di pesce«. Hier essen auch viele Einheimische.

Via Sardegna 60 | Tel. 0 70 65 82 47 | Mo–Sa 12.30–15.30, 20–23 Uhr | €€€

11 Sa Domu Sarda

Sardische Küche – Direkt im Hafenviertel gelegenes hervorragendes Restaurant mit echten sardischen Gerichten. Kein Fisch, keine Pizza, keine

typische italienische Pasta. Aber dafür beste Vorspeisen und brillante Fleischgerichte. Gute Hausweine.

Via Sassari 51 | Tel. 0 70 65 34 00 | tgl. 20–23 Uhr | €€

Tre Archi

Liebenswürdiger Service – In diesem Lokal mit einem kleinen schnuckeligen Garten gibt es sehr gute Pizzen und dazu einen liebenswürdigen Service. Am Wochenende reservieren!

Viale Armando Diaz 95 | Tel. 0 70 66 44 87 | www.ristorantepizzeriatrearchi. com | Okt.–Mai Di–So 18–22.30 Uhr | €€

CAFÉS

12 Antico Caffè ▸ S. 29

EINKAUFEN
GESCHENKE

I.S.O.L.A.

Beste Auswahl sardischen Kunsthandwerks. Alles handgemacht.

Via Bacaredda 176–178

13 Laboratorio Orafo Artigianato Giesse ▸ S. 41

Mercantino

Auf dem Cagliaritaner Flohmarkt taucht man in das sardische Leben ein.

Piazza Trento | So 8–14 Uhr

14 RAKU

Wunderschöne Keramiken.

Scalette S. Teresa 2

KULINARISCHES

15 Antica Enoteca Cagliaritana

Weine, Grappe und Liköre – aus Sardinien und Italien.

Kakteen aller Arten und Größen: Im Orto Botanico von Cagliari bekommt man einen guten Eindruck von der sardischen Flora (▶ S. 98).

Scalette Santa Chiara | www.enoteca cagliaritana.it

🔟 Sapori di Sardegna ▶ S. 40

🔟 Su Scusorgiu

Schon optisch ein schöner Lebensmittelladen. Sardische Spezialitäten, guter Käse.
Via Goffredo Mameli 140

MODE
🔟 Sorelle Piredda 🚩

Vier Schwestern – ein Traum: die historischen Motive der sardischen Mode ins Heute zu transferieren. Das Ergebnis ist beeindruckend: Ob Abend- oder Cocktailkleid – die Schwestern Piredda verarbeiten angenehme, teilweise herrlich fließende Stoffe in größtenteils warmen Farben.
Cagliari | Piazza San Giuseppe 4 | www.sorellepiredda.com | Termin nach Vereinbarung

WOHNEN
🔟 Ariuceramiche

Stefania Ariu, geboren auf Sardinien, ist mit Kunst großgeworden. Ihr Vater malte, während sie sich bereits in

frühester Kindheit mit dem Werkstoff Ton beschäftigte. Heute zaubert sie mitten in Cagliari ohne Töpferscheibe – noch in der traditionellen »Würsteltechnik« – wunderbare Keramikgegenstände und andere ausgefallene Objekte aus Kieselerde.
Via Costituzione 16 | www.ariuceramiche.wordpress.com

KULTUR UND UNTERHALTUNG

20 Kulturzentrum EXMA
Früher Schlachthof, heute interessantes Kulturzentrum: Gerade im Sommer finden hier immer wieder gute Events statt. Manchmal ist es ein Open-Air-Kinoabend, dann wieder ein Jazzkonzert oder ein Abend mit klassischer Musik. Hin und wieder stellen auch Künstler aus.
Via Lucifero 71

SERVICE

AUSKUNFT
I.A.T.
Piazza Matteotti 9 | Tel. 0 70 66 92 55

E.P.T.
Piazza Deffenu 9 | Tel. 0 70 60 42 41

BAHN
Stazione di Cagliari
Piazza Repubblica

BUS
ARST
Piazza Matteotti 9 | www.arst.sardegna.it

Ziele in der Umgebung

◎ **CARBONIA** ⚑ B 8
30 000 Einwohner

Carbonia ist eine Bergbau- und Kohlestadt und beileibe keine Touristen-

In Carbonia kann man in den Arbeitsalltag von Bergbau- und Kohlearbeitern eintauchen. Im Museo del Carbone sind zahlreiche Arbeitsgeräte und Maschinen ausgestellt (▶ S. 103).

ort. Interessant aber ist ihre Architektur aus den 1930er-Jahren. Mussolini hat die Stadt auf dem Reißbrett entworfen und innerhalb kurzer Zeit fertigstellen lassen. Der faschistische »Duce« brauchte in dieser Gegend viele Arbeiter, die dort die vorhandene Braunkohle fördern sollten. Die Stadt ist extrem symmetrisch angelegt, die immer gleichen Häuschen mit den immer gleichen kleinen Gärten ziehen sich entlang der geraden Straßen. Das Zentrum von Carbonia ist die mit Granit gepflasterte Piazza Roma mit öffentlichen Gebäuden. Die daran anschließende Via Gramsci ist die Haupteinkaufsstraße. Obwohl die letzte Kohlegrube bereits 1950 geschlossen wurde, gibt es nach wie vor viel Arbeit dort: Ein Aluminiumwerk und ein großes Elektrizitätswerk beschäftigen die Menschen.

74 km westlich von Cagliari

MUSEEN UND GALERIEN

Museo del Carbone

Das im Jahre 2006 eingeweihte Centro Italiano della Cultura del Carbone bietet ein interessantes Museum. Es zeigt Sammlungen von zahlreichen Arbeitsgeräten und großen Maschinen. Besonders spannend sind die Führungen durch die ausgedehnten Stollensysteme.

Juni–Sept. tgl. 10–19 Uhr | Tel. 07 81 67 05 91 | www.museodelcarbone.it | Eintritt 6 €, Kinder 4 € | Führungen nach Vereinbarung

◎ CARLOFORTE　　　　🏕 B 8

Das kleine Städtchen auf der Isola San Pietro wurde Anfang des 18. Jh. von den Genuesern gegründet und erlebte

im 19. Jh. durch die Salzproduktion, den erfolgreichen Fischfang, vor allem von Thunfischen, und mithilfe der Fähren, die Waren aufs Festland brachten, einen nicht unerheblichen wirtschaftlichen Aufschwung. Heute lebt der Ort vielfach von Touristen, die entweder von der Insel Sant'Antioco oder vom Festland aus mit Fähren anreisen. Carloforte hat mit seinen pastellfarbenen Häusern, der von Palmen gesäumten Uferpromenade und der Fußgängerzone eine wunderschöne, sehr erholsame Atmosphäre.

ca. 80 km westl. von Cagliari

◎ CHIA　6　　　　　🏕 C 8

Der endlos lange Strand und die angrenzende Bucht sind traumhaft schön. Wacholderstauden, Oleander- und Rosmarinbüsche verbreiten einen unvergleichlichen Duft.

50 km südl. von Cagliari

ÜBERNACHTEN

Hotel Parco Torre Chia ▸ S. 23

SERVICE

Cala Cipolla 🧒　　　　🏕 C 8

Wenn Sie mit Kindern unterwegs sind, schwimmen oder in Ruhe schnorcheln möchten: In den kleinen Buchten hinter Chia finden Sie die besten Bedingungen. Nach einem kleinen Fußmarsch eröffnet sich der Blick auf Sandstränden, die durch zahlreiche Felsbrocken und -vorsprünge voneinander getrennt sind. Das Wasser ist sehr ruhig und deshalb auch relativ warm, es wird erst sehr weit draußen richtig tief.

Domus de Maria | Cala Cipolla ist nur zu Fuß über die Viale Spartivento erreichbar

◎ ISOLA SANT'ANTIOCO 🐟 B 8

12 000 Einwohner

Vor der Südwestküste Sardiniens liegt der Sulcis-Archipel, bestehend aus den Inseln Sant'Antioco und Isola di San Pietro – schöne kleine Inseln, die von den Touristen meistens nicht einmal wahrgenommen werden. Vor allem rund um die Südküste gibt es herrliche Strände. Der Hauptort der Insel – er heißt ebenfalls Sant'Antioco – ist ein kleines antikes Hafenstädtchen, das durch einen 3 km langen Damm mit dem Festland verbunden ist. Bereits im 8. Jh. v. Chr. wurde der Hafen angelegt, die Römer bauten ihn aus und machten ihn zu einem wichtigen Handelszentrum. Der heutige Hafen entstand allerdings erst im Jahre 1933. Mussolini ließ ihn ausbauen, um die Bodenschätze der Insel dort verladen und verschiffen zu lassen. Seit vielen Jahren wird der Hafen nur noch als Fischer,- Sport- und Fährhafen genutzt.

87 km westl. von Cagliari

SEHENSWERTES

Basilica Sant'Antioco Martire

Das Faszinierende an dieser Pfarrkirche im »centro storico« sind die ehemaligen punischen Kammergräber, die später zu christlichen Katakomben ausgebaut wurden. Sie befinden sich unter dem rechten Querschiff der Kirche – Sardiniens einzige Katakomben.

Piazza Parocchia 22 | Mo–Fr 9.30 und 15 bis 18 Uhr, Sa und So 15–18 Uhr | Eintritt zu den Katakomben 3 €

MUSEEN UND GALERIEN

Ausgrabungen

Ganz in der Nähe der Altstadt befinden sich auf einem Hügel die Reste der einstigen Hafenstadt aus dem 8. Jh. mit den Ruinen der Festung Forte Su Pisu. Die interessanteste Sehenswürdigkeit des Areals ist das Tophet, ein Ort, an dem Tausende Urnen gefunden wurden, in denen sich sowohl Tier- als auch Menschenasche befand. Heute geht man davon aus, dass hier Kinder bestattet wurden. Auch wenn die Urnen heute Nachbildungen sind, so ist die Atmosphäre hier dennoch sehr beeindruckend. Im Archäologischen Museum direkt vor dem Tophet sind Funde aus den verschiedenen Epochen der Stadt ausgestellt.

April–Sept. tgl. 9-19 Uhr, Okt–März 10–13 Uhr und 15–18 Uhr | Eintritt für alle Sehenswürdigkeiten der Anlage: 13 €, Kinder 8 €.

Museo del Bisso 🚩

Byssus – so nennt sich die goldene Muschelseide, produziert von der Großen Steckmuschel. Chiara Vigo, eine durchaus charismatische Sardin auf der Insel Sant'Antioco, sagt, sie sei die letzte Person, die Bisse herstellt. Für sie ist es der Stoff ihres Lebens, ein Stoff, der schon vor Urzeiten zur Veredelung königlicher Gewänder verwendet wurde. Ihr Museum, in dem sie auch ihre Arbeiten zeigt, ist beeindruckend. Zum Museum gehört auch ein Shop.

Viale Regina Margherita 111 | www.chiaravigo.com | geöffnet tgl. 9.30–2.30 und 16–20 Uhr | Eintritt frei

ÜBERNACHTEN

Del Corso

Zentrale Lage – Mittendrin im Leben des Corso Vittorio Emanuele ist man hier – perfekt für eine abendliche Passeggiata. Die Zimmer sind nicht groß, aber sehr nett. Im Erdgeschoss gibt es ein nettes Café. Sehr praktisch: Als Hotelgast erhalten Sie einen Anwohnerparkschein und können mit Ihrem Auto vorfahren und auch dort parken.

Corso Vittorio Emanuele 32 | Tel. 07 81 80 02 65 | www.hoteldelcorso.it | 10 Zimmer | €

ESSEN UND TRINKEN
RESTAURANT
Da Achille

Bester Fisch – Dieses Restaurant ist seit Jahren das Mekka für Thunfischfans. Alle Gerichte werden mit frischesten Zutaten, meistens sogar direkt von der Insel, gekocht. Hier wird edel und köstlich aufgetischt.

Via Nazionale 82 | Tel. 0 78 18 31 05 | www.hotel-moderno-sant-antioco.it | €€€

Da Pasqualino

Charakteristische Küche – Es ist eine typische Trattoria: Hier treffen sich Einheimische und Touristen gleichermaßen, plaudern und genießen die typische Küche von Calassetta. Dazu gehört vor allem der Fisch. Probieren sollte man allerdings das Sardische Couscous (Casca).

Calassetta | Viale Ragina Margherita 85 | Tel. 0 78 18 84 73 | €€

EINKAUFEN
KULINARISCHES
Cantina Sardus Pater

Hervorragende lokale Weine, sowohl Rot- als auch Weißweine unterschiedlicher Trauben.

Via Rinascita 46 | www. cantines arsduspater.it | Besuch, auch mit Führung, nur nach Voranmeldung

Fisch sollte man auf der Isola Sant'Antioco auf jeden Fall genießen. Egal ob im Restaurant oder frisch vom Fischmarkt am Hafen in Sant'Antioco (▶ S. 104).

Panifici Calabrò

Traditionell Gebackenes mit extrem hohem Suchtfaktor: Egal, ob es die Süßigkeiten oder die Brote sind – hier wird nach traditionellen Rezepten mit einheimischen Zutaten gebacken. Sehr lecker sind die Pirichittus, ein Limonengebäck.

Corso Vittorio Emanuele 138 | www.panificicalabro.it

◎ MARACALAGONIS   🍃 D 7

6700 Einwohner

Dieser kleine Ort wirkt auf den ersten Blick eher unspektakulär. Nur hin und wieder erwacht er aus seinem Dornröschenschlaf. Für das Fest der Vereinigung der Folkloregruppen zum Beispiel. Von einem festlich gekleideten Empfangskomitee bekommt jeder Gast einen Begrüßungsdrink. An langen Tafeln werden anschließend sardische Spezialitäten aufgetragen, dazu gibt es beeindruckende Tanz- und Gesangsvorführungen.

Anmeldung: Vicenzo Atzeri,
Via Cagliari 5 | www.safesta.it
25 km nordöstl. von Cagliari

◎ MONTE SETTE FRATELLI   🍃 D 7

Ein Ausflug in die Natur: Östlich von Cagliari breitet sich der Staatsforst Monte Sette Fratelli aus, der unter Naturschutz steht. Hier finden Sie noch wunderschöne Waldflächen mit Baumheide und Erdbeerbäumen, Kork- und Steineichen, Kreuzdorn und Myrte. Dazwischen ragen hier und da Granitgipfel aus dem Grün. Mit etwas Glück werden Sie Gänsegeier, Steinadler und Wildkatzen sehen und die Spuren von Wildschweinrotten entdecken. Fahren Sie auf der SS 125 Richtung Muravera.

Auf der Höhe, wo links die Straße nach Burcei abgeht, führt rechts ein Weg in den Staatsforst Monte Sette Fratelli. Am Forsthaus zweigt ein Wanderweg ab zum höchsten Gipfel der Region, zur Punta Sa Ceraxa (1023 m). Für die Wanderung – sie beginnt auf 600 m Höhe – brauchen Sie rund 2,5 Std.

30 km östl. von Cagliari

◎ MURAVERA UND COSTA REI   🍃 E 7

4600 Einwohner

Muravera ist ein quirliges Städtchen, in dem Sie schönes Kunsthandwerk finden. Und es liegt an einer der schönsten Küsten der Insel: der Costa Rei. Hier können Sie herrlich spazieren gehen.

70 km nordöstl. von Cagliari

ÜBERNACHTEN

Hotel Albaruja

Viele Freizeitangebote – Relativ neues Ferienhotel direkt an der »königlichen Küste«, der Costa Rei, mit freundlichem Service. Von einer Bibliothek bis Wanderungen bietet das Hotel viele Freizeitbeschäftigungen.

Muravera | Via C. Colombo | Tel. 070 99 15 57 | www.albaruja.it | 34 Zimmer | €€€

◎ NORA   🍃 C 8

Kurz hinter Pula liegt die römisch-punische Hafenstadt Nora, deren Säulen und Mosaiken teils noch aus der römischen Kaiserzeit stammen. Vermutlich wurde die Küstenstadt im 9./8. Jh. v. Chr. gegründet. Phönizische Seefahrer nutzten die günstige Lage, um Handel zu treiben. Funde aus Grabbeigaben lassen darauf schließen, dass Nora be-

An der schönsten Küste der Insel, der Costa Rei, kann man herrliche Spaziergänge unternehmen. Zum Beispiel zur Torre Salinas, die bei Muravera, einem quirligen Städtchen, liegt (▶ S. 106).

reits im 5. Jh. v. Chr. eine reiche Handelsstadt war. Im 2. und 3. Jh. n. Chr. erreichte die Stadt unter römischer Herrschaft ihre Blütezeit. Der Niedergang Noras begann Mitte des 5. Jh. n. Chr mit den Überfällen der Vandalen. Besichtigen können Sie die Ruinenstadt täglich von 9–19 Uhr.

35 km südl. von Cagliari

ESSEN UND TRINKEN

RESTAURANTS

Gordon Ramsey 🚩 ⚓ C 8

Sardischer Gourmettempel – Ein Restaurant der absoluten Spitzenklasse.

Der Chefkoch des Feinschmeckerparadieses ist ein Brite, der sich ganz der sardischen Küche verpflichtet fühlt. Serviert werden nur frische und einheimische Produkte der Insel. Gespeist wird auf einer edlen Terrasse.

Pula | www.fortevillage.com | 19.30–23 Uhr

Su Gunventeddu

Regionale Spezialitäten – Typische sardische Gerichte wie zum Beispiel die »burrida« (ein Gericht mit Katzenhai), Spaghetti mit »bottarga« (Fischrogen) und Zickleinbraten.

Dünen, Strand und schöne Blicke

Hier an der Costa Verde liegt Spiaggia Scivu, ein herrlicher Strand, an dem man einen grandiosen Blick über die gesamte Küstenregion hat. Touristen sind hier selten zu finden. Übrigens: An diesem Strand wurde ein Teil des Kinofilms «Der schwarze Hengst» mit Mickey Rooney gedreht (▶ S. 14)!

Pula | Baia di Nora | Loc. Su Gunventeddu | Tel. 07 09 20 90 92 | www.sugunventeddu.com | Mi–Mo 19–23 Uhr | €€

◎ NURAGHE SU NURAXI ⑧ ⚑ C 6

Diese Nuraghenanlage ist die besterhaltene und interessanteste Sardiniens. Sie entstand wohl im 5. und 6. Jh. v. Chr. Um eine Bastion herum sieht man noch die Grundmauern von rund 60 Hütten. Die gesamte Anlage erstreckt sich über ca. 1000 qm. Ein sardischer Archäologe stieß Anfang der 1950er-Jahre auf die ehemalige Festung, die Ausgrabungsarbeiten dauerten zehn Jahre. Anfahrt: Über die Straße 131 bis kurz vor Sanluri.

85 km nördl. von Cagliari

◎ SARDEGNA IN MINIATURA ⚑ C 6

Der beliebte Miniaturpark – in der Nähe der Nuraghenanlage Su Nuraxi gelegen – sorgt für Abwechslung vom Strandleben. Auf 50 000 qm werden die schönsten Bauwerke Sardiniens in detailgetreuer Nachbildung gezeigt. Auch das 2008 eröffnete Museo dell'Astronomia mit seinem Planetarium begeistert die Besucher.

Barùmini | Strada Comunale Barumini Turri | www.sardegnainminiatura.it | tgl. 10–20 Uhr | Eintritt 15 €, Kinder 12 € *60 km nördl. von Cagliari*

◎ SÁRRABUS ⚑ E 7

Ein Ausflug in die romantische Einsamkeit des Sárrabus mit seinen schattigen Tälern und der bizarr verwitterten Felsenlandschaft ist ein einmaliges Erlebnis. Fahren Sie mit dem Auto auf der SS 125 bis zum Pass Arcu Neridu und von dort aus in Richtung Parco 7 fradis. Sie können links an der Kapelle oder an der Forststation parken. Der Staatsforst ist im Sommer zwischen 8 und 19, im Winter von 9 bis 16 Uhr geöffnet.

25 km nordöstl. von Cagliari

◎ SPIAGGIA SCIVU ⚑ B 7

Er ist ein 3 km langer, sandgewordener Traum, der Strandabschnitt der fast menschenleeren Costa Verde. Sanddünen rahmen das Idyll ein, dann ragen wieder Felsen empor. Den Strand erreichen Sie über die Staatsstraße 126 in Richtung Guspiri. Parkmöglichkeiten sind vorhanden.

92 km nordw. von Cagliari

Ein kleines Stück Sardinien für zu Hause

In dem kleinen Städtchen Villamassagia im Südwesten der Insel werden sardische Teppiche und Vorhänge noch per Hand gewebt. Hier findet man Originale, die nicht in den Touristengeschäften landen (▶ S. 14).

Villasimius | Via Lago Maggiore 32 | www.calacaterina.com

I STAGNI (STRANDSEEN)   D 8

Die Lagunen am Golfo degli Angeli gehören zu den bedeutendsten Feuchtgebieten Europas. Der westliche Teil, der Stagno di Santa Gilla, ist mit 4000 ha der größte. Der östliche Teil mit ca. 500 ha nennt sich Stagno dei Molentargius. Hier halten sich auch Flamingos auf.

8 km westl. von Cagliari

VILLAMASSARGIA C 7

Ein kleines Bauerndorf, in dem man sich irgendwie zu bemühen scheint, das Leben zu entschleunigen. Hier pflegen viele noch das alte Handwerk des Teppichknüpfens, der Herstellung von Gobelins und Vorhängen. Darüber hinaus soll im nahe gelegenen Parco Naturale Sortu Mannu einer der ältesten und größten Olivenbäume der Mittelmeerregion stehen. Der Baum »Sa Reina« soll an die 1000 Jahre alt sein.

53 km westl. von Cagliari

◎ VILLASIMIUS D 8
3100 Einwohner

Von der Straße, die sich durch die Macchia entlang der Küste nach Villasimius schlängelt, hat man einen traumhaften Blick. Der Ort selbst wurde 1812 gegründet. In der Umgebung stehen noch viele Befestigungsanlagen.

60 km östl. von Cagliari

ÜBERNACHTEN

Villa Cala Caterina

Mediterranes Flair – Ein Haus der Ruhe und Eleganz mit angenehmem Service.

Villasimius | Via Lago Maggiore 32 | www.calacaterina.com

Die Marmilla-Ebene mit ihren typischen Kegelbergen liegt in der Provinz Medio Campidano. Bei Barúmini gibt es viele Nurgahenreste (▶ MERIAN Top Ten, S. 11).

DER OSTEN UND
DIE INSELMITTE

*Wie ein Riese erhebt sich der klobige Gennargentu über sein
Umland. Dann wieder gibt es die sanften Hügel und Täler der
verwunschenen Bergwelt der Barbagia und die vulkanischen
Tafelberge mit den weiten Hochflächen.*

Mit seinen 1834 m ist der Gennargentu zwar nicht ungewöhnlich hoch,
doch im Kontrast mit der fast lieblichen Umgebung wirkt er wie ein
Goliath. Auf dem Papier erklärte man 90 000 Quadratmeter dieser Landschaft zum Naturschutzgebiet. Doch momentan hapert es noch ein wenig
an der Umsetzung, denn man möchte hier und da noch einige touristische Projekte umsetzen. Eines davon ist: der Ausbau der Skilifte, von denen es bereits seit Jahrzehnten einige im Gennargentu gibt. Der West-
hang des Bergs mutet wie ein kleines Paradies an. Dank der Korkeichen,
die hier Schatten spendend ihre Äste ausbreiten, ist es hier selbst im
Hochsommer angenehm kühl. Um die Dörfer wachsen Haselnusssträu-
cher, liefern Bienen den leicht bitteren Kastanienhonig, eine der Spezia-

◀ Der rote Porphyrfelsen von Arbatax ist eine Naturattraktion (▶ S. 111).

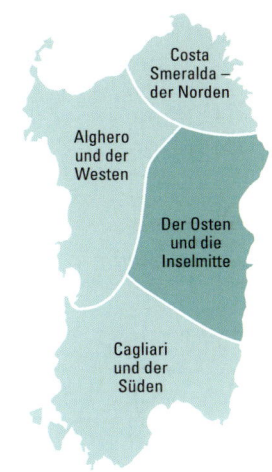

Costa
Smeralda –
der Norden

Alghero
und der
Westen

Der Osten
und die
Inselmitte

Cagliari
und der
Süden

litäten Sardiniens. Obstgärten, Weinreben, Hecken und plätschernde Bäche machen die Idylle vollkommen.

Barbagia heißt die Gegend im Inneren der Insel; »Land der Barbaren« nannten es die Römer. Vermutlich, weil es ihnen nie so recht gelungen war, es zu erobern. Die Hirten unterwarfen sich keinem der Eroberer, auch nicht den folgenden Herrschern. In dieser abgeschiedenen Gegend entstanden auch die »murales«, die Bilder an den Hauswänden. Diese Gemälde erzählen die Geschichte der Hirten und deren Abneigung gegen die Gesetze, die nur den Landbesitzern Annehmlichkeiten brachten. In den Bildern kommt der Zorn des Volks auf den Staat zum Ausdruck.

ARBATAX UND DIE OGLIASTRA
E6
1100 Einwohner

Sanfte Wellen, die an seichte Strände schwappen, eine kühle Meeresbrise und ein abwechslungsreiches Hinterland: In Arbatax sind vor allem Familien mit Kindern gut aufgehoben. Die Ogliastra mit ihren einsamen Hochebenen und trubeligen Stränden bürgt für einen abwechslungsreichen Urlaub. Ziegen dösen im Schatten hoher Bäume, Grillen zirpen unter den gelb blühenden Ginstersträuchern, den »adanu«. Wege in die Einsamkeit führen durch die Landschaft Salto di Quirra, wo nur im Tal einzelne Gehöfte stehen. In der Ogliastra führen aber auch Wege in den Trubel, nach Arbatax zum Beispiel, das wichtigste Zentrum der Region. Wegen seiner Papierfabrik hat der Ort auch eine große wirtschaftliche Bedeutung. Sehenswert sind die einmaligen roten Porphyrklippen und der Hafen, von dem aus die Ausflugsboote starten. Die Ogliastra wird auch wegen ihrer malerischen weißen Strände rund um Tortoli und Santa Maria Navarrese geschätzt.

ÜBERNACHTEN
Hotel Vecchio Mulino

Angenehme Atmosphäre – Sehr gemütliche Zimmer und ein sehr gutes Restaurant, das Fisch und regionale Spezialitäten serviert.

Reife Kaktusfrüchte

Wenn Sie im September im Landesinneren Sardiniens sind, sollten Sie sich mit einer alten Zeitung und einer Papiertüte bewaffnen und jetzt die reifen Kaktusfrüchte ernten (Achtung: Nicht mit bloßen Händen pflücken) (▶ S. 14)!

Tortoli | Via Parigi | Tel. 078 266 40 41 | www.hotelilvecchiomulino.it | 24 Zimmer | €€

La Bitta

Herrliche Lage – Direkt am Meer, an einer schönen Bucht gelegen. Den Gast erwartet eine geschmackvolle Einrichtung und leckeres Essen.

Arbatax | Via Porto Frailis | Tel. 07 82 66 70 80 | www.hotellabitta.it | 55 Zimmer | ♿ | €€€

ESSEN UND TRINKEN

RESTAURANTS

Gorropu

Romantisch – Gutes Essen mit schönem Blick aus 1050 m Höhe.

Hotel Silana | Urzulei | SS 125 Orientale Sarda, km 183 | Tel. 0 37 41 39 83 99 | www.hotelsilana.com | tgl. 19–22 Uhr | €€
35 km nördl. von Arbatax

SERVICE

BUS

ARST   ⚑ x

ARST-Busse in die Umgebung starten in Tortoli ca. 200 m von der Hauptkreuzung auf der Straße in Richtung Lanusei. Fernbusse fahren auch nach Nuoro, Olbia und Cagliari.

Tortoli | Piazza Cavour 1 | Tel. 07 82 62 22 14 | www.arst.sardegna.it

SCHIFF

Im Hafen von Arbatax bestehen einmal wöchentlich Fährverbindungen nach Civitavecchia, zweimal wöchentlich nach Olbia und Genua.

SEGEL- UND MOTORBOOTE

Ausgangspunkt eines Bootsausflugs ist Santa Maria Navarrese: Am Strand werden Segel- und Motorboote verliehen.
Santa Maria Navarrese

Ziele in der Umgebung

◎ BARI SARDO   ⚑ E6
3900 Einwohner

In diesem Ort erlebt man sardisches Leben in Reinform. Hier sehen Sie die alten Männer an den Straßen und Plätzen sitzen, die älteren Frauen tragen noch die traditionelle Alltagstracht. Obst und Gemüse, das aus eigenem Anbau stammt, wird in den Hauseingängen verkauft. Von Bari Sardo aus gelangt man rasch zur Torre di Bari, einem Sarazenenturm.
15 km südl. von Arbatax

◎ BAUNEI   ⚑ E5
3900 Einwohner

Der Ort schmiegt sich malerisch an den Hang eines Kalksteinmassivs. Von hier aus hat man einen herrlichen Blick über die Ostküste. Das ehemalige Hirtendorf besitzt einen noch völlig intakten Ortskern. Die Kirche San Nicola di Bari beeindruckt durch ihr schönes Gewölbe. Im Inneren ist das Gemälde von Andrea Lusso, der von 1593 bis 1614 auf der Insel wirkte, sehenswert.
20 km nördl. von Arbatax

Blick auf das Städtchen Baunei. Das ehemalige Hirtendorf befindet sich am Hang eines Kalksteinmassivs (▶ S. 112).

◎ DORGALI   ◢◣ E 5

8000 Einwohner

Das Hirten- und Bauerndorf versteckt sich hinter Bergen. Bekannt ist es aufgrund seiner handwerklichen Tradition: Goldschmiedekunst, Trachten, Leder und wegen seiner Weine. Noch heute lebt ein Großteil der Bevölkerung vom traditionellen Kunsthandwerk. Die Küste bei Dorgali wartet mit schönen Stränden auf, die im Sommer ziemlich überlaufen sind. In der Nähe befindet sich das Nuraghendorf Serra Orrios, der schön gelegene Stausee Lago del Cedrino und mehrere Karsthöhlen, etwa die Grotta di Ispinigoli und die Cala Gonone. Von dort aus fahren die Schiffe zu schönen Buchten wie der Cala Luna sowie zur Grotta del Bue Marino.

65 km nördl. von Arbatax

MUSEEN UND GALERIEN

Museo Archeologico

Das Museum zeigt eine umfangreiche Sammlung aus der Region. Organisation interessanter Exkursionen!

Via Lamarmora 69e | www.ghivine. com/museo.htm | Jan.–Juni, Sept.–Okt. tgl. 9.30–13, 15.30–18, Juli & Aug. tgl. 9–13, 16–19 Uhr | Eintritt 5 €, Kinder 3 €

ESSEN UND TRINKEN

RESTAURANTS

Monteviore

Regionale Weinkarte – Etwa 6 km südlich von Dorgali gelegen, mit schönem Ausblick auf den Sopramonte. Spezialisiert auf die Küche des Inselinneren, Weine aus der eigenen Produktion. Der Besitzer des Restaurants organisiert im Sommer auch Trekkingtouren in die Umgebung.

Loc. Monteviore | Tel. 0 78 49 62 93 |
Mai–Sept. tgl. ab 12 Uhr | €€

◎ FOXI MANNA E 6

Die einsamen Strandabschnitte von
Foxi Manna liegen in der Nähe von
Tertenia. Hinter diesem Ort gelangen
Sie über eine kleine Bergstraße hinab
ans Meer.

45 km südl. von Arbatax

◎ GROTTA DI SU MARMORI ⭐9
 D 6

In der Nähe von Ulassai – der Weg ist
ausgeschildert – liegt die beeindruckendste Grotte der Region und eine
der größten Sardiniens. Die Tropfsteine sind zum Teil bis zu 12 m hoch. Ziehen Sie sich warm an, denn in der
Höhle herrschen Temperaturen von
nur rund 10 °C!

Besichtigung nur mit Führung April–Okt.
tgl. 11, 14.30 und 17 Uhr | Eintritt 12 €
45 km südwestl. von Arbatax

◎ JERZU D 6
3200 Einwohner

Kaum ein Ort Sardiniens liegt so abenteuerlich: Hoch oben klebt er an einem
Berg, Fahrer von Wohnmobilen, haben
es angesichts der kleinen Straßen
schwer, den Ort zu durchfahren. Die
kleine Stadt hat einen grandiosen Ruf:
Man nennt sie auch »citta del vino« –
Stadt des Weines. Hier werden die besten Cannonau-Weine produziert.

34 km südwestl. von Arbatax

◎ LANUSEI D 6
5500 Einwohner

600 m hoch geschützt durch einen steilen Berghang, Wälder mit Kastanien
und Steineichen – die Kreishauptstadt

der Ogliastra ist überraschend. Hier
lebt es sich noch sardisch, wenige Touristen verirren sich nach Lanusei, um
ihre Ferien dort zu verbringen. Lanusei
ist mehr Einkaufsstadt für die Menschen der umliegenden Orte und Dörfer, Verwaltungssitz und Standort
sämtlicher Schulen für die Kinder der
Ogliastra. Die wichtigste Straße des
Ortes ist der Corso Roma, auf dem
auch die abendliche Passeggiata abge-
halten wird.

24km südwestl. von Arbatax

🕐 Am schönsten ist es Ende Juni in
Lanusei. Dann feiert man hier das Fest
Sagra delle Ciliegie, das Fest der Kirschen
und deren Ernte. In der ganzen Stadt
gibt es Folklore-Umzüge, und überall
können Sie diese extrem köstlichen Kirschen kaufen.

ÜBERNACHTEN

Hotel Belvedere

Familiäre Atmosphäre – Kleines Haus
im Zentrum von Lanusei, das sehr
freundliche Zimmer hat, die alle
durchaus modern eingerichtet sind.
Die Zimmer im dritten Stock haben
eine atemberaubende Aussicht! Zum
Hotel gehört seit kurzer Zeit auch ein
gutes Restaurant.

Via Umberto 22 | Tel. 0 78 24 29 08 |
www. belvederelanusei.it | 10 Zim-
mer | €

ESSEN UND TRINKEN
RESTAURANTS

Del Corso

Schmackhaftes aus der Region – Gute
Küche der Region Ogliastra mit emp-
fehlenswerten Fischgerichten.

Via Roma 31 | Tel. 0 78 24 21 70 | tgl. 19–
22 Uhr | €€

Villa Selene

Sardische Spezialitäten – Hervorragende authentische Küche bietet dieses etwas außerhalb von Lanusei gelegene Restaurant.

Loc. Corrodis | Tel. 0 78 24 24 71 | www.hotelvillaselene.net | tgl. 18–24 Uhr | €€€

◎ LOTZORAI　　　　　　🏴 E 5
2000 Einwohner

Der kleine Ort entstand vermutlich im Mittelalter. Am südlichen Ende Lotzorais thront auf einem Hügel die Ruine des Castello della Medusa. Die Burg ließen die Richter von Cagliari im 13. Jh. erbauen. Heute erlebt Lotzorai einen Aufschwung durch den Tourismus. Sehenswert ist auch die Nekropole von Lotzorai mit 13 erhaltenen Felsengräbern.

10 km nördl. von Arbatax

◎ PEDRA LONGA　　　　🏴 E 5

Nördlich von Santa Maria Navarrese: ein wunderschöner Ort, ideal für einen Badeausflug. Auf der Hauptstraße nach Baunei zweigt nach einer Weile rechts eine Stichstraße ab. Folgen Sie dem Schild Bar/Ristorante Pedra Longa. Die Straße führt hinab zu einem schroffen Felsen.

20 km nördl. von Arbatax

◎ SALTO DI QUIRRA　　　🏴 E 7

Hinter dem Städtchen Tertenia beginnt eine einsame Berglandschaft. Kurz vor Quirra steht die kleine romanische Kirche Chiesa San Nicoló, die einzige Backsteinkirche der Insel. Von hier aus sind auf einem Hügel die Überreste der ehemaligen Grenzfestung Castello di Quirra auszumachen.

70 km südl. von Arbatax

Die Felslandschaft von Jerzu im Licht der Abendsonne. Die Stadt des Weines befindet sich in abenteuerlicher Lage hoch oben auf einem Berg (▶ S. 114).

◎ SANTA MARIA NAVARRESE ⚲ E5

Ca. 1400 Einwohner

Ein touristisch gut erschlossener Ort. Das Meer ist kristallklar, zwischen den Klippen finden sich schöne Badebuchten mit Sand und Kies. Drei davon – Cala Luna, Cala Mariolu und Cala Sisine – sind nur vom Meer aus zu erreichen. Das Dorf gruppiert sich um eine Kirche, die angeblich schon im 11. Jh. auf Geheiß einer Tochter des Königs von Navarra errichtet wurde. Sehenswert sind die drei Kirchenschiffe mit einer Dachstuhlkonstruktion aus Holz und die schlichte Fassade mit dem kleinen Glockenturm. Neben dem Gotteshaus steht ein riesiger Ölbaum, der über 1000 Jahre alt sein soll. Der gut erhaltene Wachturm im Dorf wurde im 17. Jh. von den Spaniern erbaut, um die Bevölkerung vor den Sarazenen zu schützen. Vom modernen Touristenhafen aus kann man die 45 km lange wilde Steilküste mit ihren weißen Buchten erreichen.

15 km nördl. von Arbatax

ÜBERNACHTEN

Santa Maria 👫

Für Familien – Wer's lebhaft mag, ist hier richtig. Schöner Strand.

Via Plammas 30 | Tel. 07 82 61 53 15 | www.albergosantamaria.it | 37 Zimmer | €€

ESSEN UND TRINKEN

RESTAURANT

Tancau

Beste Pizza der Region – Dazu ein liebenswürdiger Service auf einer schönen Terrasse mit herrlichem Blick aufs Meer.

Tel. 07 82 61 53 58 | tgl. 18–23 Uhr | €

◎ SCALA DI SAN GIORGIO ⚲ D6

Landschaftliche Schönheit und seit 1989 sardisches Naturdenkmal: Die enge Schlucht Scala die San Giorgio bei Osini nördlich von Ulassai befindet sich auf einer Höhe von ca. 900 m und ist wirklich atemberaubend. Wer mehr sehen möchte, kann über eine Treppe (auf Hinweisschild »Scala« achten) auf ein Plateau gelangen. Hier gibt es zahlreiche Picknickbänke, auf denen es sich lohnt, ein Weilchen zu bleiben, um das Szenario zu betrachten und zu fotografieren.

44 km südwestl. von Arbatax

◎ SU GOLGO ⚲ E5

Etwa 10 km nördlich von Baunei erwartet Sie die wunderschöne Hochebene Su Golgo, die mit dem Auto oder Motorrad nur über eine Schotterpiste zu erreichen ist. Faszination übt das 295 m tiefe Karstloch S'Isterru aus. Wenn Sie der Straße folgen, gelangen Sie zu der im 18. Jh. errichteten Wallfahrtskirche San Pietro di Golgo, in der jährlich am 29. Juni ein buntes Fest stattfindet.

30 km nördl. von Arbatax

◎ TORTOLI ⚲ E6

9000 Einwohner

Die Gigantengräber Domus de Jamas und einige Nuraghen belegen, dass die Gegend um Tortoli schon zu prähistorischer Zeit besiedelt war. Tortoli besitzt neben einer lebhaften Einkaufsstraße mit Boutiquen und Lebensmittelläden eine schöne begrünte Piazzetta. Nordöstlich von Tortoli liegt das zweitgrößte Haff der sardischen Ostküste, der Stagno di Tortoli: ein wichtiger Rastplatz für Zugvögel.

5 km westl. von Arbatax

Vom Leuchtturm Santa Maria Navarrese hat man eine traumhafte Panoramasicht in alle Richtungen. Der Turm steht auf der Bergspitze des Capo Bellavista. (▶ S. 116).

ESSEN UND TRINKEN

RESTAURANT

Da Lenin

Fischspezialitäten – Ein empfehlenswertes Restaurant, in dem Sie fangfrischen Fisch serviert bekommen. Schöne Terrasse.

Via San Gemiliano 19 | Tel. 034 85 44 55 55 | Mo–Sa. 19–22 Uhr | €€

EINKAUFEN

Cantina Sociale Ogliastra

Sehr guter Wein aus der Region.
Via Baccasara 36

◎ ULASSAI   D 6

1500 Einwohner

Ein alter Ortskern mit Ausblick auf die kahlen und zerklüfteten Wände der umliegenden Felsen. Auf der kleinen Piazza des Dorfes schient vor allem sonntags die Zeit still zu stehen. Dann treffen sich dort die älteren Herren, um Neuigkeiten auszutauschen.

38 km südwestl. von Arbatax

MUSEEN UND GALERIEN

Fondazione Stazione dell'Arte

Im ehemaligen Bahnhof von Ulassai kann man eine faszinierende Sammlung zeitgenössischer Kunst sehen.

Mai–Sept tgl. 9–20.30 Uhr | Tel. 07 82 78 70 55 | Führungen um 9.30, 11, 13, 14.30, 16 und 18 Uhr | Eintritt 6 €, Kinder 3 €

NUORO   D 5

36 000 Einwohner
Stadtplan ▶ S. 119

In der Provinzhauptstadt zu Füßen des Monte Ortobene (955 m) herrscht eher eine melancholische Stimmung. Der ursprüngliche Charakter des einstigen

Hirtendorfs ist bis heute bewahrt geblieben. Verwinkelte Gassen und fast ländlich wirkende Häuser mit kleinen Höfen und Gärten vermitteln fast so etwas wie bäuerliche Romantik.

Die ältesten Viertel Nuoros gruppieren sich um die Kirchen San Pietro, San Salvatore und San Santuario delle Grazie. Früher waren die Stadtteile streng voneinander getrennt, so wie ihre Bewohner: Bauern und Hirten. Nuoro brachte die meisten Künstler Sardiniens hervor, darunter auch die Literaturnobelpreisträgerin Grazia Deledda. Ihr Geburtshaus im ältesten Viertel der Stadt wurde inzwischen restauriert. Besonders eindrucksvoll ist die Küche: Sie wurde nach Grazia Deleddas Beschreibungen originalgetreu wieder eingerichtet.

SEHENSWERTES

① Piazza Sebastiano Satta

Der Platz wurde zu Ehren von Sebastiano Satta (1867–1914), einem Zeitgenossen von Grazia Deledda, benannt. Die Piazza mit ihren weißen und pastellfarbenen Häusern ist eine der schönsten der Stadt. Sehenswert sind die Granitfelsen aus der Gegend des Monte Ortobene. Bronzeskulpturen zeigen Szenen aus dem Leben des Lyrikers Satta.

MUSEEN UND GALERIEN

② Museo Deleddiano

In diesem Haus wurde 1875 die Schriftstellerin Grazia Deledda geboren, die hier die ersten 30 Jahre ihres Lebens verbrachte. Die »Casa« vermittelt einen Eindruck vom Leben einer wohlhabenden Familie um die vorletzte Jahrhundertwende.

Via Grazia Deledda 42 | 15. Juni–30. Sept. tgl. 9–19, 1. Okt.–15. März Di–So 10–13, 15–17, 16. März–14. Juni Di–So 9–13, 15–18 Uhr | Eintritt frei

③ Museo Etnografico Sardo

In diesem Museum können Sie Trachten und Kunsthandwerk aus der Provinz Nuoro bewundern. Möbel, antike Haushaltsgegenstände, alte Fotos – insgesamt mehr als 7000 Exponate. Ein Muss für alle, denen sardische Kultur am Herzen liegt.

15. Juni–30. Sept. tgl. 9–19, 1. Okt.–15. März Di–So 10–13, 15–17, 16. März–14. Juni Di–So 9–13, 15–18 Uhr | Eintritt 3 €, Kinder 1 €

④ Museo Speleo-Archeologico

Die Ausstellung mit prähistorischen Funden aus den Höhlen des Supramonte geht auf eine Initiative mehrerer Umwelt- und Höhlenforschergruppen zurück; das Museum gilt auch als Kontaktadresse für Geologen und Wanderer. Da jedoch die Geldknappheit wie ein Damoklesschwert über dem Museum schwebt, wird es zwischendurch immer wieder mal geschlossen.

Via Manno 1 | www.museoarcheologico nuoro.it | Di, Do 9–13, 15–17 , Mi, Fr, Sa 9–13 Uhr | Eintritt 2 €, Kinder 1 €

ÜBERNACHTEN

⑤ Grillo

Im Herzen der Stadt – Renoviertes Hotel aus den 1960er-Jahren inmitten der Stadt, das inzwischen guten Service und angenehme Zimmer für einen Kurzaufenthalt bietet. Es befindet sich in ruhiger Lage und liegt zu Fuß nur ein paar Schritte vom Dom entfernt. Das Restaurant offeriert geschmackvolle sardische Spezialitäten.

Via Monsignor Melas 14 | Tel. 0 78 43
86 78 | www.grillohotel.it | 46 Zimmer | €€

Monte Maccione

Für Natur- und Sportfreunde – Ein
ganzjährig geöffnetes, einfaches Hotel.

Einsam auf einer Höhe von 800 m gelegen, 3 km von Oliena entfernt, ist es
eine ideale Unterkunft für Aktivurlauber. Traumhafter Blick auf Stadt und
Berge.

Oliena | Loc. Monte Maccione | Tel.
07 84 28 83 63 | 20 Zimmer | €€

Waldeinsamkeit statt überfüllte Strände

An heißen Tagen, an denen Ihnen die Strände zu voll sind, fahren Sie am besten in das Waldgebiet Montalbo mit Steineichen, Orchideen und einer fantastischen Tierwelt. Hier, wo es kühl und einsam ist, kann man sich perfekt erholen und die Natur genießen (▶ S. 15).

ESSEN UND TRINKEN
RESTAURANTS
Canne al Vento
Hervorragende Antipasti – Beste Vorspeisen der Stadt und Pasta zu guten Preisen. Küche der Barbagia-Region.
Via G. Biasi 123 | Tel. 07 84 20 17 62 | www.ristorantecannealvento.com | Mo–Sa ab 19 Uhr | €€

Fratelli Sacchi
Traditionelle Hirtenküche – 8 km östlich von Nuoro auf dem Monte Ortobene gelegen. Auf den Tisch des Hauses kommen Fleischgerichte vom Grill.
Monte Ortobene | Tel. 0 78 43 12 00 | www.ristorantefratellisacchi.it | tgl. ab 19–22 Uhr | €€

BARS
6 Bar Nuovo
Szenetreff – Ein Café, das seit vielen Jahren der Treffpunkt Nummer eins ist.
Corso Garibaldi | Piazza Mazzini

EINKAUFEN
MODE, GESCHENKE
7 I.S.O.L.A.
Neben filigranem Goldschmuck gibt es hier bestickte Seidenschals zu kaufen.

Auch Teppiche aus der Barbagia und Lederarbeiten kann man hier erwerben.
Via Monsignor Bua 10

KULINARISCHES
8 Casa del Dolce
Große Auswahl sardischer Süßwaren.
Corso Garibaldi 105

9 Markthalle
Duftende Fladenbrote, Honig und die verführerischen »dolci sardi« laden zum Kauf ein.
Piazza G. Mameli | nur wochentags 9–13 Uhr

Ziele in der Umgebung
 BITTI 🍃 D 4
3300 Einwohner

Eine schöne Piazza, ein Brunnenheiligtum aus der Zeit der Nuragher, kleine Kirchlein – Bitti ist ein typischer Ort der Region, der zu früheren Zeiten einen nicht immer guten Ruf genoss. Zu häufig gab es Schießereien und Gewalt – der Grund waren diversen Streitigkeiten und Kämpfe mit dem Nachbarort Orune. Heute ist Bitti berühmt wegen seines Chores, den »Tenores di Bitti«, die auch schon in Deutschland Konzerte gegeben haben. Und wegen seines besonders guten »pane carasau«, dem typisch sardischen Brot. Für Sarden aus der Barbagia ist Bitti vor allem wegen seines immer im September stattfindenden Kirchenfestes berühmt und wichtig. Vier Tage lang wird dann das Fest der »Madonna del Miracolo« in der gleichnamigen Wallfahrtskirche begangen. Der Höhepunkt der kirchlichen Festivitäten ist die Prozession am 30. September.
37 km nördl. von Nuoro

EINKAUFEN

KULINARISCHES

Panificio Giulio Bulloni

In dieser Bäckerei wird das »pane carasau« aus biologisch angebautem Getreide hergestellt und schmeckt fantastisch. Via Minerva 8 | geöffnet Mo – Fr 8 – 18 Uhr, Sa/So 8 – 13 Uhr, www.panificio giuliobulloni.it.

◎ DESULO  D 5

3200 Einwohner

Diesem hübschen Bergdorf im Herzen des Gennargentu-Gebirges sollten Sie möglichst zur Kastanienblüte im Frühjahr oder zur Kastanienernte im Herbst einen Besuch abstatten. Auch alpiner Skilauf ist möglich, denn am 1829 m hohen Brunco Spina gibt es sogar einen Skilift.

57 km südl. von Nuoro

◎ MONTALBO E 4

Zur Provinz gehört eines der waldreichsten Gebiete mit herrlichen Kork- und Steineichen. Zum Beispiel die Gegend um Montalbo oder auch Monte Albo bei Siniscola. Monte Albo heißt »weißer Berg« – ein Berg aus Kalk. Hier gibt es sogar einige ausgeschilderte Wanderwege – eine Seltenheit auf Sardinien. Lohnenswert ist aber auch eine geführte Tour durch die Landschaft! (www.montalboescursioni.it)

54 km nordwestl. von Nuoro

◎ MONTE ORTOBENE D 5

Eine malerische, aber sehr kurvenreiche Straße führt auf den 955 m hohen Monte Ortobene. Dort laden Picknickplätze unter Bäumen und im Schatten der vielen Granitbastionen zum Verweilen ein. Hier bietet sich ein grandio-

Das malerische Dorf Posada liegt auf einem Felsen. Die alte Burgruine »Castello della Fava« auf der Spitze dieses Berges ist von Weitem zu sehen (▶ S. 123).

Ein bemalter Fels bei Orgòsolo. Der Ort ist durch seine politischen Wandmalereien, die »murales«, inzwischen zum bekanntesten Dorf Sardiniens geworden (▶ S. 123).

ser Blick auf Nuoro, den Sopramonte und den Gennargentu.

10 km östl. von Nuoro

◎ MONTE TISCALI 🍃 D 5

Wanderern offenbart sich die Barbagia als Naturparadies. In nahezu unberührter Natur lassen sich Raubvögel, Mufflons und mit etwas Glück auch wilde Pferde beobachten. Besonders schön ist ein Aufstieg zum Monte Tiscali, der sich mit einem Besuch der gleichnamigen Nuraghensiedlung verbinden lässt, eine der letzten Zufluchtsstätten der Nuragher vor den Römern. Auf der Verbindungsstraße zwischen Oliena und Dorgali folgen Sie der Beschilderung »Gologone«. Am Hotel vorbei geht es auf einer Betonstraße/ Schotterpiste am Refugio links ca. 3 km bis Tiscali. Da die Wanderwege unge-

nügend oder gar nicht beschildert sind, sollten Sie die Tour nicht ohne Führer unternehmen.

Informationen bei Tiscali Trekking Servici Turistici | Oliena | V. P. Casu 8 | Tel. 07 84 28 29 53 oder Sezione WWF Oliena-Nuoro | Via Potenza 10 | Tel. 0 78 43 00 83

20 km südöstl. von Nuoro

◎ ORGÒSOLO 🍃 D 5

4500 Einwohner

Orgòsolo ist mittlerweile das berühmteste Dorf Sardiniens. Seine Popularität verdankt es den unzähligen »murales«, politischen Malereien an den Hauswänden. Es ist auch das Dorf der Blutrache und der Rebellion gegen den italienischen Staat. Als das Hochtal 1967 eine Militärbasis werden sollte, besetzte die Bevölkerung kurzerhand die Weiden und sah sich Truppen von Militär und

Polizei gegenüber. Die übrige Bevölkerung solidarisierte sich mit den sardischen Bauern, die gewaltlos Widerstand leisteten. Die »murales« waren ursprünglich Ausdrucksform dieses Widerstands, später wurden auch immer wieder andere politische sowie künstlerische Themen auf den Hauswänden festgehalten. Orgòsolo ist ein idealer Ausgangspunkt für Wanderungen in den Gennargentu und den Sopramonte.

25 km südl. von Nuoro

ESSEN UND TRINKEN

RESTAURANTS

Ai Monti del Gennargentu

Regionale Rotweine – Rund 5 km von Orgòsolo entfernt stößt man auf ein weißes Haus in einem Eichenhain, das Restaurant Ai Monti del Gennargentu. Spezialitäten sind Spießbraten, dazu wird Rotwein aus Orgòsolo gereicht.

Loc. Settiles | Strada Orgòsolo-Pratobello | Tel. 07 84 40 23 74 | www.aimontidelgennargentu.it | Ostern–30. Sept. tgl. 12.30–15,30, 19.30–22.30 Uhr | €€

◎ OROSEI   E 4
6300 Einwohner

Kleines landwirtschaftliches Zentrum mit schönen Barockbauten im Ortskern. Gemütlich ist die kleine Piazza del Popolo im »centro storico«. Bei Orosei gibt es einige wunderschöne Strände, zum Beispiel die Cala Liberotto und die Cala Ginepro.

40 km östl. von Nuoro

EINKAUFEN

KULINARISCHES

Società Cooperativa Agricola Olivicoltori »Valle del Cedrino«

(▶ S. 40)

Mit dem Jeep auf Entdeckungstour

Erkunden sie Orgòsolo und das Inselinnere mit einem Jeep. Und wenn man nicht selbst fahren muss, kann man die Touren zu Nuraghen, in Schluchten und auf Berggipfel noch viel mehr genießen. Vergessen Sie die Kamera nicht (▶ S. 15)!

◎ ORUNE   E 4
3000 Einwohner

Orune ist ein sehenswertes Bergdorf mit hübschem Antlitz. Interessant ist vor allem der nuraghische Brunnentempel ca. 5 km östlich des Ortes. Schon der kleine Fußweg dorthin ist spannend: Es geht ca. 15 Min. auf einem Weg durch eine vielseitige Pflanzenwelt mit beispielsweise Fenchelpflanzen und Olivenbäumen.

April–Sept. 9–19 Uhr | Eintritt 4 €

25 nördl. von Nuoro

◎ POSADA   E 4
2400 Einwohner

Ein direkt auf einem Burgfelsen gelegenes Dorf. Posada zu Füßen liegen die weite Küstenlandschaft und der Rio Posada. Die Ruine der Burg, des Castello della Fava (Bohnenburg), kann besichtigt werden. Die Festung wurde im 12. Jh. zum Schutz vor den Angriffen der Sarazenen errichtet. Von hier oben genießt man einen großartigen Blick aufs Meer. Das Castello, nur noch ein quadratischer Turm, ist von der Altstadt mit ihren verwinkelten Gassen über eine Treppe zu erreichen.

55 km nordöstl. von Nuoro

In der Hochebene Giara di Gesturi leben sardische Wildpferde (▶ S.90)

TOUREN
DURCH SARDINIEN

VON CAGLIARI ZU DEN SCHÖNSTEN STRÄNDEN IM SÜDEN ⭐

CHARAKTERISTIK: Eine Autofahrt von Cagliari aus entlang der schönsten Strände im Süden **LÄNGE:** ca. 130 km **EINKEHRTIPPS:** Ristorante Pizzeria Mirage, Domus de Maria, Loc. Chia, Viale Chia 10, Tel. 07 09 23 02 49, www.miragechia.it, €€; Ristorante Licu e Giuannicu, Santadi, Piazza Republicca 8, Tel. 07 81 95 42 29. **AUSKUNFT:** EPT, Piazza Deffenu 9, Cagliari, Tel. 0 70 65 16 98. ⚓ C 8–D 7

Diese Rundfahrt zu den schönsten Stränden im Süden können Sie selbstverständlich auch in anderer Richtung unternehmen. Dieser Richtungswechsel lohnt sich vor allem, wenn »Die Nacht der Poeten« in Nora stattfindet

Cagliari ▶ Chia

Starten Sie in Richtung Pula. Unternehmen Sie einen Abstecher nach Nora. Hier befindet sich an der Spitze des **Capo di Pula** eine spannende Ausgrabungsstätte. Die Siedlung stammt ursprünglich aus dem 9./8. Jh. vor Chr. und war vermutlich schon kurze Zeit später größer als das damalige Karalis (Cagliari). Mitte des 2. Jh. v. Chr. wurde die Stadt von den Römern übernommen. So kann man hier auch hauptsächlich römische Ausgrabungen sehen: beispielsweise Reste von Wohnhäusern, ein Theater, Thermen und eine Villa. Danach geht es weiter nach **Chia** und zur kleinen Landzunge mit der **Torre di Chia** ⭐. Schon hier sollten Sie einen Badestopp einlegen. Der Strand von Chia ist ein Traum: weißer Sand, türkisfarbenes Meer und kleine Cafés. Der schönste Abschnitt liegt zwischen Torre di Chia und dem Capo Spartivento. Hier fühlt man sich ein wenig wie in der Karibik.

Chia ▶ Costa del Sud

Die Fahrt entlang der Costa del Sud ist eine Fahrt auf einer herrlichen Panoramastraße. Immer wieder bieten sich wunderschöne Aussichtspunkte und Abfahrten in die Buchten. Ein herrlicher Strand ist bei der Cala Tuerredda. Der anschließend folgenden kleinen Halbinsel mit dem **Capo Malfatano** sollten Sie einen Besuch abstatten. Am Ende der Halbinsel steht ein einsamer Turm, der Wind bläst einem ins Gesicht, und die Aussicht ist grandios. Achtung: Die Straße bis zum Kap ist für Wohnmobile gesperrt! Ein nächster herrlicher Strand liegt in der Bucht Cala Piscinnì. Capo Teulada kann nur umfahren werden, da es militärisches Sperrgebiet ist. Weiter geht es nach **Porto Pino**, dem Ort, dem die Aleppo-Kiefer den Namen gab. Fahren Sie anschließend nach Porto Botte am Golfo di Palmas mit traumhaften langen Sandstränden und der größten Lagune (Stagno di Botte), in der gefischt wird.

Costa del Sud ▶ Cagliari

Über Giba gelangen Sie nach **Santadi**, ein kleiner Ort, der in den letzten Jahren aufgrund seiner hervorragenden Weinproduktion auf sich aufmerksam gemacht hat. Zu den besten und bekanntesten Rotweinen gehört der »Terre Brune«, der in allen guten Weinhandlungen und auch Supermärkten zu kaufen ist. Seit einigen Jahren werden in dieser Gegend, die eigentlich für ihre roten Tropfen berühmt wurde, sogar Weißweine produziert. Nach vorheriger Anmeldung, kann die Weinkellerei auch besichtigt werden (www.cantinadisantadi.it). Berühmt wurde auch der 1967 in Santadi geborene Comiczeichner Silvio Camboni, der vor allem viele Jahre für Disney-Comics zeichnete. Inzwischen hat Camboni, eine Sportzeitschrift und eine Comiczeichnerschule in Cagliari geründet. Sehenswert in Santadi ist auch die Chiesa della Madonna delle Grazie aus dem 16. Jh. und das Gotteshaus Santa Maria di Monte Flacco, ein ganz schlichter Sakralbau. Kunsthistorisch interessierte Touristen können in Santadi das Archäologische Museum besuchen, außerdem gibt es noch das Volkskundemuseum »Museo Sa Domu Antiga« zu besichtigen. Von dort treten Sie die Rückfahrt nach Cagliari an.

🕐 Jeden Sommer findet jährlich in der antiken Stadt Nora »Die Nacht der Poeten« statt – La notte dei poeti. Das römische Amphitheater ist eine wunderbare Kulisse für ein solches Künstler-Festival. Es ist zwar hilfreich, wenn man Italienisch spricht, aber man muss es nicht zwingend beherrschen, um das Festival genießen zu können. Denn: Jedes Jahr gelingt den Veranstaltern eine gelungene Mischung aus Musik, Tanz, Theater und Lesungen mit durchaus hochkarätigen und internationalen Künstlern. Informationen zu Programm und Zeitpunkt: www.cedacsardegna.it

Karibikflair an der Südküste Sardiniens: Der Strand von Chia mit seinem weißen Sand und dem tiefblauen Wasser (▶ MERIAN TopTen, S. 11).

RUNDFAHRT DURCH LÄNDLICHE PROVINZEN DER INSEL 8

CHARAKTERISTIK: Vorbei an kulturhistorischen Sehenswürdigkeiten, zu den Naturschönheiten **LÄNGE:** ca. 130 km **EINKEHRTIPPS:** Il Cavallino della Giara, Barumini, Viale Su Nuraxi, Tel. 07 09 36 81 22, www. ristorantecavallinodellagiara.com; La Ristorante Severino Il Vecchio, Ortacesus, Viale Kennedy 1, Tel. 07 09 80 41 97 **AUSKUNFT:** EPT, Piazza Deffenu 9, Cagliari, Tel. 0 70 65 16 98.
D 7

Cagliari ▶ Barùmini

Fahren Sie von Cagliari auf der SS 131 nach Norden in die schöne Landschaft des Campidano, eine für den Tourismus eher unbedeutende Gegend. Für die Sarden hingegen gehört sie zu den wichtigsten, denn sie ist entscheidend für die sardische Landwirtschaft. Sie ist Obstanbauregion und Kornkammer zugleich. Im Dorf Villasanta biegen Sie auf die SS 197 ab. Entlang des Flussbetts des Riu Mannu gelangen Sie nach **Barùmini**. Dieser Ort war einst ein kleines Hirten- und Bauerndorf und ist heute eigentlich nur bekannt durch die Nähe zur berühmtesten Nuraghenanlage **Su Nuraxi** 8. Aber bevor Sie dieses Nuraghendorf anschauen, sollten Sie einen Abstecher ins Museo Casa Zapata, Piazza San Giovanni XXIII. machen. In diesem liebevoll gestalteten Palazzo der Familie Zapata werden sowohl das ehemalige bäuerliche Leben der Region als auch die unter dem Palazzo gefundenen Nuraghenmauern gezeigt. Diese entdeckte man bei der Restaurierung unter dem Haus. Man läuft über Metallbrücken und –stege und hat direkten Einblick in die freigelegten Nuraghenreste (geöffnet tgl. 10–13 und 17–20 Uhr, Eintritt 5 €).

An der Straße nach Tuili liegt das **Nuraghendorf Su Nuraxi** 8. Es ist der größte und am besten erhaltenste Nuraghenkomplex auf Sardinien. Beeindruckend sind die mächtigen Reste des Hauptturms und der Bastion. Die rekonstruierten rund 150 Rundhütten geben Einblick in das damalige Leben der Nuraghier um 1000 v.Chr. Hier fand man allerlei Haushaltsgegenstände, eine Ölmühle und sogar Sitzmöbel. Eine Besichtigung ist allerdings nur mit Führung möglich, die in der Regel in italienischer Sprache geleitet wird, in der Hauptsaiason manchmal auf Englisch. Die Führungen finden in der Regel alle halbe Stunde statt (geöffnet tgl. 9–19 Uhr, Eintritt 9 €, Kinder 6 €).

Barùmini ▶ Gesturi

Nach ca. 6 km erreichen Sie den Ort **Gesturi**. Hier beginnt die Fahrt in das schönste Naturreservat Sardiniens: die Giara di Gesturi, auf sardisch Sa Ja Manna. Auf dem Weg kommen Sie am Centro Visite e Documentazione (Besucher-Informationszentrum) vorbei, das – wenn man Glück hat – geöffnet ist und den Besuchern die Besonderheiten dieses 50 qkm großen Naturparks erläutert. Die große Attraktion des Parks – neben der unglaublichen

Blütenpracht im Frühling – sind die dort lebenden Wildpferde. Rund 600 Exemplare soll es noch geben. Das Giara-Pferd ist eine verwilderte sardische Kleinpferderasse. Besonders gut kann man die kleinen Pferde an den Wasserstellen beobachten. Nicht selten kommen noch weitere Tiere wie beispielsweise Ziegen und Kühe hinzu. Die Wege durch den Park sind ausgeschildert und in der Regel eben und gut begehbar.

Gesturi ▶ Senorbi

In Senorbi angekommen befinden Sie sich in der Landschaft der Trexenta, einer der fruchtbaren Gegenden Sardiniens. Hier dominiert die Landwirtschaft – überall sieht man Olivenbäume. Durch das kleine Dorf führen einige nette Rundwege mit kleineren Dorfkirchen und -plätzen sowie archäologischen Stätten. Einige Kilometer weiter westlich, in Ortacésus, gibt es eine Straußenfarm. Die neugierigen Tiere leben im Freien und können durch einen Zaun beobachtet werden. Bei dieser Straußenfarm handelt es sich übrigens um die größte in ganz Europa! Hier werden auch Straußeneier auch verkauft. Das archäologische Museum des Ortes ist besonders sehenswert, da es in einem der typischen Landhäuser der Campidano-Ebene untergebracht ist. Zu sehen sind diverse Fundstücke aus der Ebene, dazu gehören vor allem beispielsweise Grabbeigaben. Aus dieser Gegend stammen viele bedeutenden Funde von unschätzbarem Wert. Von hier aus fahren Sie nach Cagliari zurück.

Via Scaledda | geöffnet Di–So 9–13 und 16–19 Uhr | Eintritt 4 €

In der Nuraghenanlage Su Nuraxi bei Barúmini (▶ MERIAN Top Ten, S. 11) sind beeindruckende Relikte aus der Zeit der Nuragher zu sehen. Die Anlage zählt zum UNESCO-Weltkulturerbe.

AUSFLUG IN DIE GROTTA DI NETTUNO

CHARAKTERISTIK: Ein Ausflug zur Grotta di Nettuno, einer der schönsten Tropfsteinhöhlen Sardiniens **DAUER:** ca. 3 Stunden **LÄNGE:** ca. 30 km **EINKEHRTIPP:** Kings Restaurant, Via Cavour 123/Bastione Marco Polo 5, Alghero, Tel. 0 79 97 96 50, www.thekingrestaurant.it, €€; La Lepanto, Via C. Alberto 135, Alghero, Tel. 0 79 97 91 16, www.lalepanto.com, tgl. 12.30–14.30, 18–22 Uhr €€ **AUSKUNFT:** Navisarda am Hafen von Alghero, Tel. 0 79 95 06 03, www.navisarda.it

SB 4

Sie zählt zu den schönsten im gesamten Mittelmeerraum und zu den bekanntesten auf Sardinien: Die Grotta di Nettuno am Capo Caccia, eine faszierende Tropfsteinhöhle, die schon im 14. Jh. von sardischen Fischern entdeckt worden sein soll. Experten schätzen das Ausmaß der Naturhöhle auf ungefähr 4 km Länge. Der Eingang zum Höhlensystem befindet sich nur einen Meter über Meereshöhe, sodass Sie zwei Möglichkeiten haben, zur Grotte zu gelangen: mit dem Auto und zu Fuß oder mit einem Boot.

Alghero Hafen ▶ Grotta di Nettuno

Am Hafen in Alghero starten die Schiffe zu diesen schönen Bootsausflügen direkt zur Grotta di Nettuno. Die Überfahrt beginnt im Fischereihafen und dauert ca. 40 Min. Oder aber Sie steuern die Neptunshöhle mit dem Auto über die Bucht von Porto Conte an. Dann stehen Ihnen allerdings knapp 700 Treppenstufen entlang einer steilen, fast senkrechten Felswand bevor, bis Sie endlich die Meereshöhle erreicht haben. Je tiefer Sie herabsteigen, desto windiger wird es, desto faszierender. In diesem Fall empfiehlt es sich, möglichst früh loszufahren, damit der Aufstieg nicht in die Zeit der Mittagshitze fällt. 20 Minuten benötigen

Sie, um die 1954 erbaute Treppe **Escala di Cabirol** hinabzusteigen und etwa doppelte so lange, um wieder nach oben zu gelangen. Über 700 Treppenstufen führen in die Tiefe der Grotte. Aber die Mühe lohnt sich wegen der berückenden Ausblicke.

Die Grotta di Nettuno ist insgesamt 4000 m lang, aber nur im vorderen Teil – ca. 500 m – begehbar. Im Inneren der Höhle erwartet Sie der See **La Marmora**, der noch mit dem Meer verbunden ist. Um diesen See herum gruppieren sich einzelne Säle mit faszinierenden Tropfsteingebilden und Ablagerungen im Kalkgestein der Felsen. Die engen Gänge zwischen den Stalagmiten und Stalaktiten drängen sich tief in die Felsen. Vorsicht, wenn Sie unter Platzangst leiden! Die Gänge sind sehr eng, und meistens sind zahlreiche Besucher in der Grotte. Von der »Ruinenhalle«, der Sala della Rovine, gelangen Sie in den »königlichen Saal«, die Sala della Regina. Von der »Musiktribüne«, der Tribuna della Musica, können Sie einen Blick auf den »Orgelsaal«, die Sala dell'Organo, und den »Kuppelraum«, die Sala della Cupola, werfen. Alle Säle und Gänge sind sehr schön beleuchtet – man taucht ab in eine andere, ganz atemberaubende Welt. Zu besichtigen ist die Grotte allerdings nur mit Führung – sie findet immer zur vollen Stunde in italienischer Sprache statt. Bis vor wenigen Jahren war diese Grotte, wie auch die **Grotta del Bue Marino**, noch Heimat ungezählter Mönchsrobben, die hier ihre Jungen zur Welt brachten. Mittlerweile haben die vielen Besucher die Tiere vertrieben. Trotz all der Touristen über und unter Wasser – das Gebiet rund um Alghero ist ein beliebtes Tauchrevier – fühlen sich Fauna und Flora nicht gestört und im milden Klima wohl. Heimisch sind noch Barrakudas, Edelkorallen und Zackenbarsche.

Die Ausflugsboote zur Grotta di Nettuno starten von Juni bis September immer stündlich im Fischereihafen von Alghero mit Schiffen der Gesellschaft »Navisarda«. In den Monaten April, Mai und Oktober fahren die Schiffe nur fünf Mal pro Tag. Preis: Erw. 16 €, Kinder 8 €. Eintritt zu Grotte: Erw. 14 €, Kinder 7 €. Die Ausflugsboote verkehren nur bei ruhiger See, da der hohe Wellengang den Eintritt in den kleinen Höhleneingang unmöglich machen würde. An solchen Tagen ist es auch möglich, andere Exkursionen in den Golf von Alghero zu unternehmen. Angeboten werden kleine Mini-Kreuzfahrten, beispielsweise zum Capo Caccia, zur Riviera del Corallo und zu kleineren Grotten in der Umgebung. Diese Fahrten werden täglich von April bis Oktober von »Frecce delle Grotte« durchgeführt. Das Team besitzt zwei Motorboote, die jeweils ca. 70 Passagiere transportieren können. Öffnungszeiten der Grotte: April bis Sept. tägl. 9–19 Uhr, Okt. 11–16 Uhr.

Über 700 Treppenstufen steigt man hinab zur Grotta di Nettuno (▶ MERIAN Top Ten, S. 10), einer der schönsten Tropfsteinhöhlen Sardiniens.

WANDERUNG ZUR SCHLUCHT VON GORROPU – EINE MEDITERRANE MÄRCHENWELT

CHARAKTERISTIK: Eine mittelschwere Wanderung durch die schönsten Wein- und Olivenanbaugebiete Sardiniens, aber auch ein erhebendes Erlebnis, denn die Felswände der Schlucht ragen 500 m hoch auf! **DAUER:** Tagesausflug **LÄNGE:** ca. 15 km **EINKEHRTIPPS:** Rifugio Gorropu, Loc. Ortunuli, Dorgali, Tel. 0 78 49 48 97, www.rifugiogorropu.it, €. Ristorante Colibri, Via Floris 7/Ecke Via Gramsci, Dorgali, Tel. 0 78 49 60 54, Fr–Mi 12.30–14.30, 19.30–22.30 Uhr **AUSKUNFT:** Urzulei, Franco Murru/Sandra Lietze, Passo Silana SS125, km 138, Tel. 0 33 38 50 71 57, www.gorropu. com; Pro Loco, Associazione Turistica, Via la Marmora 108, Dorgali, Tel. 0 78 49 62 43.
🡒 D 5

Die Schlucht von Gorropu etwa 18 km südwestlich von Dorgali – auf Sardisch »Gola su Gorropu« – zählt zu den eindrucksvollsten auf Sardinien. Und sie gehört auch zu den tiefsten Canyons in Europa. Bis zu 500 m hoch sind die Felswände der Schlucht, überall sieht man bizarre Steinformationen. Auch Flora und Fauna beeindrucken: Herrliche Blumen, die nur in der Gorropu-Schlucht zu finden sind, Reptilien, wie beispielsweise Eidechsen, die in der warmen Sonne dösen, um ihre Köpertemperatur wieder aufzuheizen, hier und da schaut ein Mufflon hinter einem Felsvorsprung hervor, Vögel zwitschern, und manchmal kreist ein Adler oder ein Sperber über die ca. 8 km lange Schlucht. Erstaunlich, wenn man bedenkt, dass sich der kleine Fluss Riu Flumineddu diesen Canyon in den vergangenen Jahrtausenden gegraben hat. Wer die Wanderung plant, sollte auf jeden Fall festes Schuhwerk tragen und körperlich fit sein. Wichtig sind auch Wasser und Wegzehrung. Wer diese Tour mit einer qualifizierten Führung

unternehmen möchte, kann dies mit www.gorroppu.com tun. Mit versierten Führern können Erwachsene und Jugendliche mit guter Kondition die Gorropu-Schlucht komplett durchqueren. Es ist eine durchaus anstrengende Wanderung mit einigen Kletterstellen. Erfahrungen im Abseilen sind – so der Veranstalter – allerdings nicht vonnöten.

Diese Tour – sie ist nur bei trockenem Wetter möglich – müssen Sie zunächst mit dem Auto ansteuern: Nehmen Sie die SS125 von Dorgali in Richtung Landkirche Nostra Signora del Buon Cammino. Achtung: Fahren Sie etwa 1 km hinter der Galleria Cala Gonone rechts in Richtung Hotel Sant'Elena; nach etwa 9 km geht es rechts noch 300 m auf einem Schotterweg weiter. Kurz hinter der Brücke über den Fluss Flumineddu können Sie parken. Viele nutzen diesen Parkplatz, um hier wild zu campen. Und das aus gutem Grund: Es warten herrliche Badestellen mit großen Felsen und glasklarem Wasser auf die erschöpften Wanderer.

Riu Flumineddu ▶
Gorropu-Schlucht

Der Weg verläuft bis zur Schlucht am Westufer des Riu Flumineddu entlang. Eine wahrhaft mediterrane Märchenwelt: Je nach Wetterlage plätschern kleine Wasserfälle in die Tiefe, hier und da tut sich ein kleines Badebecken auf. Nach rund 2 Std. sind Sie am Eingang der Schlucht (Gola su Gorropu) angekommen. Ein spektakulärer Anblick: Fast senkrecht steigt die Felswand empor. Weichen Sie hier möglichst nicht vom Pfad ab! Es folgen einige relativ gut zu bewältigende Kletterpassagen über Felsbrocken. Links und rechts tun sich kolossale Gesteinsmassen auf. Dazwischen hat der Fluss kleinere Teiche gebildet. Nach einiger Zeit stehen Sie vor dem See Sa Pischina Urtaddala, der mit seinem Wasser die Schlucht in ihrer ganzen Breite ausfüllt. Leider versperrt hinter dem See eine Felsstufe den Weg. Da diese an die 5 m hoch ist, kommen Sie nur noch mit viel Erfahrung, einer guten alpinen Ausrüstung und Mut weiter – der Volksmund behauptet nämlich, dass am Ende der Schlucht der Teufel auf Normalsterbliche wartet. Dieses Plätzchen am See hingegen, der Endpunkt für Wanderer, eignet sich ganz hervorragend für ein Picknick und um Kraft für den Rückweg zu tanken. Zurück geht es auf dem gleichen Weg.

Tipp: Wer diese Tour im Hochsommer plant, sollte spätestens gegen 10 Uhr vormittags am Ausgangspunkt sein. In der engen Schlucht wird es in der Mittagszeit extrem heiß! Sorgen Sie außerdem dafür, dass Sie ausreichend zu trinken mitnehmen.

Auf einer Trekkingtour zur Schlucht von Gorropu, einem der eindrucksvollsten und tiefsten Canyons in Europa (▶ S. 132).

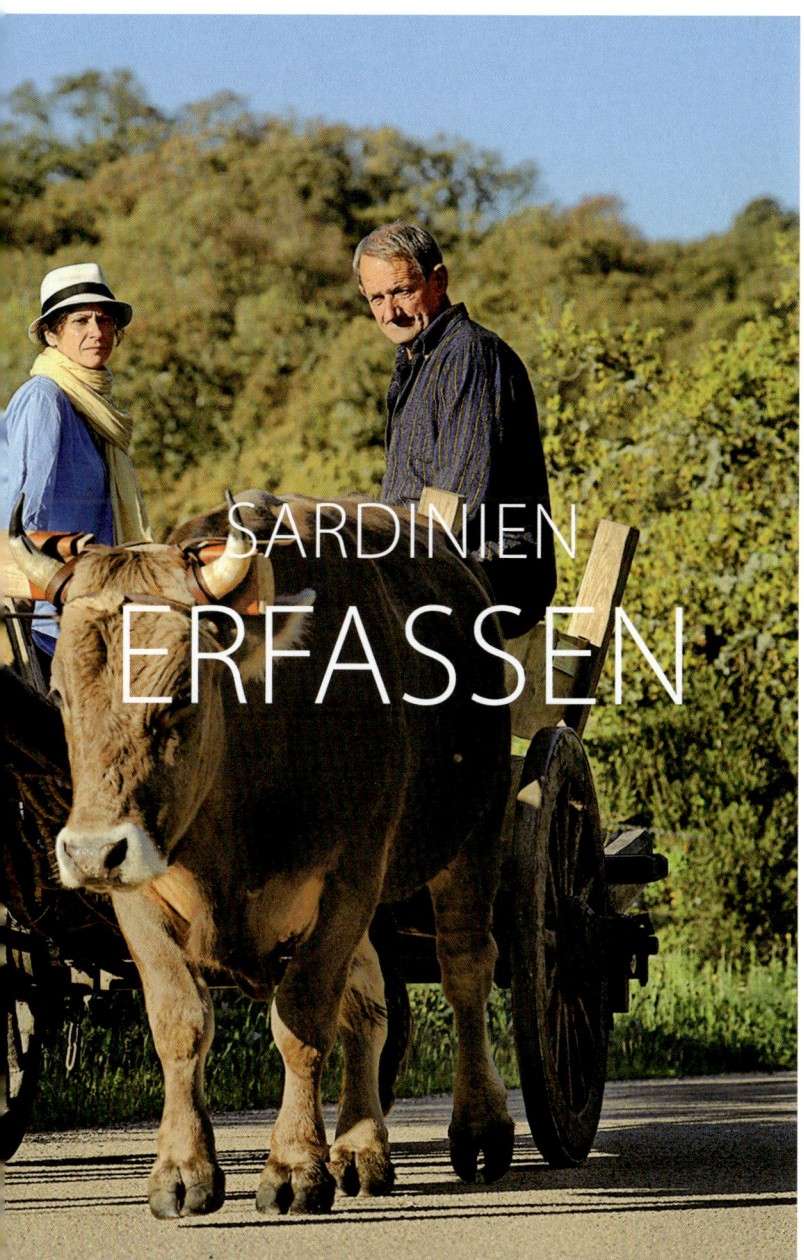

SARDINIEN
ERFASSEN

Im Bergdorf Aggius ticken die Uhren lang-
samer (▶ S. 70).

AUF EINEN BLICK

Hier erfahren Sie alles, was Sie über die zweitgrößte Insel des Mittelmeers wissen müssen – kompakte Informationen über Land und Leute, von Bevölkerung und Sprache über Geografie und Politik bis Religion und Wirtschaft.

BEVÖLKERUNG

Die Sarden wehren sich vehement dagegen, als Italiener bezeichnet zu werden. Mit einer Bevölkerungsdichte von 69 Einwohnern pro qkm gehört Sardinien zu den eher dünn besiedelten Regionen Italiens.

LAGE UND GEOGRAFIE

Sardinien ist mit einer Fläche von 24 090 qkm die zweitgrößte Mittelmeerinsel. Von Korsika ist sie durch die Straße von Bonifacio getrennt, von Italien durch das Tyrrhenische Meer. Die Insel mit ihrer 1849 km langen Küste ist waldarm, größtenteils mit Macchia bedeckt und eher gebirgig. Der höchste Berg heißt Punta La Marmora (1834 m) und liegt im Gennargentu-Massiv. Flachland gibt es nur im Südwesten der Insel: die Campidano-Ebene.

POLITIK UND VERWALTUNG

Unmittelbar nach Ende des Zweiten Weltkriegs wurde Sardinien Republik, dann autonome Region: Art. 16 der Italienischen Verfassung von 1948 erkennt Sardinien eine spezielle Autonomie zu. Mit diesem Autonomiestatus (»Regioni di statuto speciale«) hat Sar-

◄ Eine Winzerin prüft im Norden der Insel die Qualität ihrer Trauben.

dinien das Recht, sich bis zu einem gewissen Grad selbst zu verwalten. Geregelt wird diese Selbstverwaltung durch eine Regionalverfassung. Wichtige politische Entscheidungen werden in Rom getroffen. Die Sarden sind sich zwar im Klaren darüber, dass ihre Insel nicht eigenständig überlebensfähig ist, doch wehrt man sich dennoch immer wieder gegen festländisches Kapital. Das politische System ist dem italienischen sehr ähnlich, das gilt auch für die Parteienlandschaft. Im Regionalparlament sind einige wenige Parteien mit deutlichem Bezug zu Sardinien tätig: so beispielsweise die »Partito Sardo d'Azione«, die älteste Regionalpartei, die bereits 1921 gegründet wurde. Die Gliederung der Insel in acht Provinzen geht vermutlich auf die Römer zurück, die Sardinien einst in vier Judikate einteilten.

RELIGION

Entsprechend der ethnischen Zusammensetzung der Bevölkerung ist auf Sardinien die katholische religiöse Tradition vorherrschend. Über 90 % der Sarden sind katholisch.

SPRACHE

Auch wenn die offizielle Amtssprache Italienisch ist, so wächst auch heute noch ein Großteil der Sarden zweisprachig auf: Sie lernen vor allem das Sardische, eine Sprache, die wie das Italienische romanischen Ursprungs ist. Sie wird von weit über einer Million Menschen auf Sardinien gesprochen. Doch Sardisch ist nicht gleich Sardisch, denn

im Laufe der Jahrhunderte haben sich einige Dialekte gebildet. Im Norden spricht man Gallurisch oder auch Sassaresisch, einen Dialekt, der dem Korsischen ähnelt. In Zentralsardinien, also in den Bergregionen, wird Logudoresisch, im Süden Sardiniens Campidanesisch gesprochen. Zu diesen Dialekten gesellen sich noch weitere kleinere Sprachinseln: In Alghero beispielsweise sprechen ältere Menschen noch Katalan, auf der Insel Sant'Antioco Ligurisch. Eine gemeinsame Schriftsprache hat es nie gegeben. Erst vor kurzer Zeit wurde ein Versuch gestartet, eine solche zu institutionalisieren. Seit 1999 ist die sardische Sprache offiziell der italienischen gleichgestellt.

WIRTSCHAFT

Sardinien hat auch heute noch eines der niedrigsten Pro-Kopf-Einkommen Italiens. Ein wirtschaftlicher Erfolg ist der stetige Ausbau des Tourismus. Von der Landwirtschaft leben heute rund 9 % der berufstätigen Sarden. Dabei spielt vor allem der Weinanbau sowie die Produktion von Schafskäse eine immer größere Rolle. Ca. 22,8 % leben von der Industrie (Erdöl und Informationstechnik), knapp 70 % arbeiten im Dienstleistungssektor.

AMTSSPRACHE: Italienisch
EINWOHNER: 1 640 379 (Dez. 2012)
FLÄCHE: 24 090 qkm
GRÖSSTE STADT: Cagliari
HÖCHSTER BERG: Punta La Marmora (1834 m)
INTERNET: www.regione.sardegna.it
RELIGION: 90 % Katholiken
VERWALTUNG: 8 Provinzen
WÄHRUNG: Euro

GESCHICHTE

Sardiniens frühe Geschichte ist bis heute noch immer nicht ganz geklärt. Funde von diversen Steinwerkzeugen aus dem Paläolithikum lassen erahnen, dass noch zahlreiche Überreste und Spuren vergangener Kulturen auf der Insel vergraben sind.

ca.1600–238 v. Chr.
Nuraghen – beeindruckende Relikte

Die Nuraghenkultur, deren eindrucksvolle Reste noch heute für Besucher der Insel in Form der berühmten Nuraghentürme zu sehen sind, wird auf den Zeitraum von ca. 1600 – 238 v. Chr. festgelegt. Einer der wichtigsten Forscher der **Nuraghenkultur** Sardiniens ist der sardische Prähistoriker Giovanni Lilliu (1914–2012). So war es auch Lilliu, der Mitte der 1950er-Jahre die Groß-Nuraghe »Su Nuraxi« bei Barùmini entdeckte hatte, die heute UNESCO-Weltkulturerbe ist. Der traditionsbewusste Forscher ging dabei bis zu seinem Tode davon aus, dass die Nuraghen – die aus Steinblöcken auf-geschichteten kegelförmigen Türme – in erster Linie Verteidigungsanlagen der Sarden waren. Die neueren Theorien, dass es sich bei den Bauwerken um einstige Heil- und Kultstätten handeln soll, hat der ehemalige Professor der Universität Cagliari immer bestritten.

1100 v. Chr
Karthager, Römer, Vandalen und Araber – Zeiten der Besetzungen

Die Zeit der Überfälle und Fremdherrschaften beginnt. Die ersten Okkupatoren waren die Phönizier, die in den folgenden 400 Jahren zahlreiche wichtige Handelshäfen im Süden der Insel bauten. Zu denen gehörte vor allem Karalis, das heutige Cagliari. Beeindru-

Um 6000 v. Chr.

Um 1800 v. Chr.

Um 900 v. Chr

Die Phönizier gründen Karalis (Cagliari)

Frühes Neolithikum. Tongefäße und Keramik sind aus dieser Zeit erhalten.

Nuraghenkultur gliedert sich in vier Abschnitte: archaische Nuraghenzeit, die mittlere Epoche, die späte Nuraghenzeit und die späte Epoche.

ckende Reste dieser Epoche kann man heute auch in Tharros, einem damaligen wichtigen Handelsstützpunkt, sehen. Ab dem Jahr 520 v. Chr. fielen die Karthager auf Sardinien ein, verloren es dann aber Anfang des 2. Jh. v. Chr. an die Römer. Im Jahre 177 v. Chr. wurde Sardinien, trotz der zahlreichen Rebellionen und Kleinkriege seitens der sardischen Gebirgsbevölkerung, römische Provinz. Im Jahre 440 dann überrollten die Vandalen die Insel. Sie kamen aus Afrika, besetzten die Insel und blieben dort an die 80 Jahre, bis die Byzantiner die Insel befreiten. Im 8. Jh. kamen die Araber, die sich in Nordafrika niedergelassen hatten, und überfielen Sardinien – Überfälle, die im Laufe der folgenden Jahrhunderte immer wieder vorkamen. Bis ins 19. Jh. hinein griffen die Araber Sardinien immer wieder an. Sie zerstörten Kirchen und Städte, verschleppten Sarden und versklavten sie. Die meisten Insulaner flohen ins Bergland Sardiniens und errichteten dort neue Orte. Dafür nahmen sie nicht nur ihr Hab und Gut mit, sondern bauten sogar ihre alten Häuser ab, um sie an einem neuen Standort wieder zu errichten wie z. B. im heutigen Sassari.

1016–1175 Pisa und Genua – Streit um die Vorherrschaft

Anfang des 9. Jh. wurde Sardinien in vier Teile geteilt: Lugodoro im Nordwesten, Arborea im Südwesten, Gallura im Nordosten und Cagliari im Süden. Jedes dieser politisch neu geordneten Territorien wurde als Judikat bezeichnet und von je einem sardischen Adligen regiert – den »judices«, den Richtern. Aber auch diese sogenannte Richterzeit hatte bald ihr Ende gefunden: Im Jahre 1016 veranlasste der damalige Papst Benedikt VIII. die Vertreibung der Araber durch die beiden Seerepubliken **Pisa** und **Genua,** weil er seine Machtansprüche ausdehnen wollte. Knapp 100 Jahre später stritten die beiden Seerepubliken um die Vorherrschaft der Insel, bis Kaiser Friedrich I. im Jahre 1175 die Insel kurzerhand in zwei politische Teile aufteilte. Pisa erhielt die Gallura, Genua bekam Lugodoro und Campidano. Die mächtigen Familien der beiden Seerepubli-

Sardinien wird römische Provinz.

Pisaner und Genuesen schicken auf Geheiß von Papst Benedikt VIII. eine Flotte gegen die Araber aus, die sie erfolgreich vertreibt. Pisaner und Genuesen bleiben auf Sardinien.

1016

177 v. Chr.

Um 900

Die Sarden bitten den Frankenkönig Ludwig den Frommen um Hilfe. Loslösung von Byzanz. Die Insel teilt sich in vier kleine Staaten: Torres, Gallura, Arborea und Cagliari. Die Territorien (Judikate) werden jeweils von Richtern (Judices) regiert.

ken brachten ihre Kultur auf die Insel, Toskanisch wurde Amtssprache, die Wirtschaft wurde angekurbelt, Klöster entstanden, Kirchen wurden gebaut.

1323 Die Feudalherrschaft der Spanier – Verarmung und Leibeigenschaft

Als im Jahre 1297 Papst Bonifaz VIII. das Königshaus Aragón mit der Herrschaft über Sardinien belehnte, begannen weitere unruhige Zeiten auf der Insel. Ein Heer, befehligt von Alfons von Aragonien, landete im Jahre 1323 auf Sardinien und begann nach und nach, die Insel zu erobern. Überall auf Sardinien kam es zu heftigen Unruhen und Aufständen. Doch trotz aller Aufstände erweiterten die Aragonier in den folgenden Jahren ihre Macht, bis Ende des 15. Jh. die gesamte Insel unter der **Feudalherrschaft der Spanier** stand – der Beginn einer grausamen Zeit für die Sarden.

1718 Königreich Sardinien

Die Epoche der Unterdrückung dauerte bis in die Anfänge des 18. Jh. Erst als die Spanischen Erbfolgekriege im Jahre 1714 mit dem Frieden von Utrecht beendet wurden, fiel Sardinien an Österreich. Nachdem die Spanier kurz darauf mit einem 8000-Mann-Heer wieder auf Sardinien einfielen, sollte dann der Londoner Vertrag von 1718 die Machtverhältnisse auf Sardinien neu klären: Die Insel wurde dem Königreich von Savoyen-Piemont zugesprochen. Es entstand das **Königreich Sardinien** – nicht zur Freude der Sarden. Bereits Mitte des 18. Jh. kam es immer wieder zu Aufständen gegen die Fremdherrschaft, die in der »**Sardischen Revolution**« gipfelten. Erst Mitte des 19. Jh. wurde das Ende des Königreichs Sardinien, das vor allem durch Hungersnöte gekennzeichnet war, eingeläutet. Die Wirtschaft lag am Boden. Die Sarden vereinigten sich mit dem Piemont – doch die erhofften Verbesserungen der Lebensumstände blieben aus. Die Insel blieb größtenteils verarmt, die Anzahl der Banditen in der Barbagia nahm bis zum Ende des 19. Jh. weiter zu. Lediglich ein kleiner wirtschaftlicher Lichtblick tat sich auf:

1297

Das spanische Haus Aragon wird von Papst Bonifaz VIII. mit der Insel belehnt.

1392

Die »Carta de Lugo«, ein Zivil- und Strafgesetzbuch, wird von Eleonora d'Arborea erlassen.

1714

Im Frieden von Utrecht wird Sardinien Habsburg zugesprochen.

1847

Die wirtschaftliche Lage ist aussichtslos. Sardinien verzichtet auf die Autonomie.

Die Eisenbahnlinie zwischen Cagliari und Sassari wurde fertiggestellt und 1883 in Betrieb genommen.

1914–1918 Goldene Tapferkeitsmedaillen für sardische Kämpfer

Im Ersten Weltkrieg wurde die »**Brigata Sassari**«, eine aus Sarden bestehende Truppe, ausgezeichnet und mit der Goldenen Tapferkeitsmedaille für ihr Heldentum geehrt. Aus dieser Truppe entstand im Jahre 1921 die Sardische Aktionspartei, die Su Partitu Sardu, die vor allem für eine Unabhängigkeit der Insel eintrat und für einen wirtschaftlichen und sozialen Aufbau kämpfte. Doch ihr Kampf blieb erfolglos, da Benito Mussolini mit seiner gegründeten Faschistischen Partei die Macht in Italien übernahm und die politische Arbeit der Aktionspartei zunichte machte. Die Partei wurde verboten, ihre Gründer wurden verhaftet oder gingen ins Exil. Mussolini, genannt der »Duce«, versuchte die Sarden hingegen mit allerlei vermeintlichen Annehmlichkeiten bei Laune zu halten. Er baute die Bergwerksindustrie aus, ließ neue Städte wie zum Beispiel Carbonia aus dem Boden stampfen, protzte mit faschistischen Bauwerken sowie großen Plätzen und versprach den Sarden insgesamt eine leuchtende Zukunft.

1943 Zerstörung Cagliaris durch Bombenangriffe

Im Zweiten Weltkrieg dann war Sardinien ein wichtiger militärischer Stützpunkt, und im Jahre 1943 Ziel verheerender US-amerikanischer Bombenangriffe. Ein Großteil Cagliaris wurde dabei zerstört.

Im Jahre 1948 wurde Sardinien dann autonome Region der noch jungen Republik Italien. Eine Bezeichnung, die in erster Linie auf dem Papier stand, aber nicht ernsthaft durchgesetzt wurde, denn die Geschicke der Insel wurden weiterhin weitestgehend vom Festland aus geplant und durchgeführt. Noch im Jahre 1951 gab es eine Hungersnot, die viele Sarden dazu zwang, die Insel zu verlassen. Schlechte Ernten bewirken eine große Auswanderungswelle, unzählige Sarden ziehen aufs Festland und suchen dort Arbeit.

1915–1918
Die »Brigata Sassari« zeichnet sich im Ersten Weltkrieg im Kampf gegen Deutschland und Österreich aus.

1861
Sardinien wird Teil des italienischen Einheitsstaates. Ausbeutung Sardiniens unter König Vittorio Emanuele II. aus Savoyen-Piemont. Hirten und Bauern werden zu Banditen, viele wandern aufs Festland aus.

1943
Cagliari ist Ziel verheerender Luftangriffe. Mehr als die Hälfte des Stadtgebiets wird zerstört.

1960 Der Tourismus beginnt

Erst Anfang der 1960er-Jahre schien sich einiges zu ändern. Zum einen wurde in den Aufbau der Petrochemie investiert. Zum anderen gründete der Ismailitenprinz, Aga Khan, das Consorzio Costa Smeralda und läutete damit den Tourismus auf Sardinien ein. Er investierte an der Nordküste der Gallura, baute die erste große touristische Siedlung auf Sardinien, nannte sie »Costa Smeralda« und empfing die High Society der Welt. Während die Petrochemie im Laufe der folgenden Jahre wieder zugrunde ging, etablierte sich der Tourismus langsam. Jetzt begannen auch andere Gemeinden, vor allem in den Küstenregionen, ihre Infrastruktur für den Tourismus aufzubauen.

1989 Bauverbot an der Costa Smeralda

Im Jahre 1989 verabschiedete das Sardische Parlament dann ein Gesetz, das den Tourismus in geordnete Bahnen lenken sollte. Das beinhaltete beispielsweise ein Bauverbot für weitere Feriensiedlungen an der Costa Smeralda. Und das wiederum führte in den folgenden Jahren dazu, dass Aga Khan einen nicht unerheblichen Teil seines Anwesens an der Costa Smeralda wieder verkaufte, da ihm genau dieses Gesetz einen weiteren Ausbau der Costa Smeralda untersagte. Die Gesamtentwicklung des Tourismus störte das wenig. An der Südküste entstanden immer mehr Hotels, und seit ca. zehn Jahren hat die Entwicklung auch die Inselmitte erreicht. Auch hier werden immer häufiger gute Hotels und angesehene Restaurants betrieben. Der Agriturismo nimmt immer mehr zu, die Sarden haben verstanden, dass viele Touristen, die auf Insel kommen, beispielsweise regionale Spezialitäten und lokale Produkte schätzen und teilweise sogar bevorzugen.

Seit 1990 Gesetze zur Erhaltung der sardischen Traditionen

Dass Sardinien heute bis zu einem gewissen Grade autonom ist, zeigen die

Prinz Karim Aga Khan gründet das Jetset-Paradies Costa Smeralda.

1950

Durch US-Hilfe und mit Einsatz von DDT ist der Kampf gegen die Malaria zum ersten Mal erfolgreich.

1951

Letzte große Hungersnot auf Sardinien. Eine gewaltige Auswanderungswelle beginnt.

1963

eigene Finanzverwaltung und die Möglichkeiten, auch auf regionaler Ebene, Gesetze zu verabschieden. Diese Gesetze beschäftigen sich dann meist mit der Verwaltung, der Landwirtschaft und der Landschaftsplanung. Die einstigen Bergwerke werden nach und nach zu Kulturdenkmälern, so entstand im Jahre 1998 der erste Nationalpark Sardiniens – das La-Maddalena-Archipel und im Jahre 2002 der zweite – die ehemalige Gefängnis- und Quarantäneinsel Isola dell'Asinara. Überall bemüht man sich jetzt, die sardischen Traditionen am Leben zu erhalten. So wurden zum Beispiel in den 1990er-Jahren Gesetze erhoben, die die sardische Sprache aufwerten. Teilweise sogar mit Erfolg, denn sie wird an einigen Schulen heute wieder gelehrt. Auch die »murales«, bunte Wandmalereien, die vor allem in Orgòsolo zu sehen sind, sind heute geschützt.

Alle vier Jahre sind die Sarden der inzwischen acht Verwaltungsbezirke aufgefordert, ihr Regionalparlament mit Sitz in Cagliari zu wählen.

2013 Sardinien im Fokus der Medien

Zwölf Stunden stand Sardinien im September 2013 im Rampenlicht der Medien und der katholischen Welt: Papst Franziskus besuchte Sardinien und hier vor allem Cagliari mit der im 14. Jh. erbauten Wallfahrtskirche Santuario di Bonaria. Dort wurde die Statue der Madonna di Bonaria im 15. Jh. errichtet. Für Papst Franziskus ein emotionaler Besuch, da die Madonna Namenspatronin von Buenos Aires ist, der Hauptstadt seines Heimatlandes Argentinien. Vor ihm besuchten in den vergangenen 45 Jahren bereits vier Päpste diese Stätte: 1970 reiste Papst Paul VI. nach Cagliari. Extra für diesen Besuch wurde die große Freitreppe vor der Kirche gebaut. Ihm folgten im Jahre 1985 Papst Johannes Paul II. und im Jahre 2008 dann Papst Benedikt XVI. Papst Franziskus überraschte die Pilger und Besucher durch seine Weltoffenheit und seine Bürgernähe. In seiner Ansprache prangerte er vor allem die hohe Arbeitslosigkeit an, die »keine von Gott gewählte Bestimmung sei«.

Ein neues Gesetz erlaubt den sardischen Fremdenverkehrsorten, im Sommer eine Kurtaxe zu erheben.

2012

Unter den leeren Staatskassen Italiens muss eines der wichtigsten Sportevents auf Sardinien leiden: Das fünftägige Radrennen »Giro di Sardegna« wurde wegen Geldmangels abgesagt.

2009

2011

Mit 97 % stimmt die sardische Bevölkerung im Rahmen eines Referendums gegen atomare Lagerstätten und Atomkraftwerke.

2013

Papst Franziskus besucht Cagliari

KULINARISCHES LEXIKON

A

acciughe – Sardellen
aceto – Essig
acqua – Wasser
   – gassata – mit Kohlensäure
   – naturale – Stilles Wasser
aglio – Knoblauch
agnello – Lamm
amaro – bitter, Magenbitter
aneletti gratinati – panierte Tinten-
   fischringe, mit Knoblauch und
   Pfeffer gewürzt
anitra – Ente
aragosta – Languste
arancia – Orange
arrosto – Braten
   – di maiale – Schweinebraten
   – di manzo – Rinderbraten
asparagi – Spargel

B

baccalà – Stockfisch
bevande – Getränke
birra – Bier
   – alla spina – Bier vom Fass
bottarga di tonno – Thunfischrogen
burro – Butter

C

cacciagione – Wildbret
caffè – Espresso
camomilla – Kamillentee
capperi – Kapern
capretto – Zicklein
carciofo – Artischocke
carne – Fleisch
cetriolo – Gurke
ciliegia – Kirsche
cinghiale – Wildschwein

cipolla – Zwiebel
coniglio – Kaninchen
contorni – Beilagen
cornetto – Hörnchen
costoletta – Kotelett
   – alla milanese – Wiener Schnitzel
cozze – Miesmuscheln
crostacei – Krebstiere

D

datteri – Dattel, Dattelmuscheln
dolce – süß, Süßspeise

E

erbe – Kräuter

F

fagiano – Fasan
fagioli – weiße Bohnen
fagiolini – grüne Bohnen
fegato – Leber
fico – Feige
finocchio – Fenchel
formaggio – Käse
fragola – Erdbeere

G

gambero – Krebs
gelato – Eis
ghiaccio – Eiswürfel
granoturco – Mais

I

insalata – Salat
involtini – Fleischrouladen

L

latte – Milch
lattuga – Kopfsalat

lepre – Hase
limone – Zitrone
liquore – Likör
lumache – Schnecken

M
mandorla – Mandel
mela – Apfel
melanzane – Auberginen
miele – Honig
minestra – Suppe

N
nocciola – Haselnuss

O
oca – Gans
olio – Öl
orata – Goldbrasse
ostriche – Austern

P
panada – Brotsuppe
pancetta – Schweinebauch
pane – Brot
  – integrale – Vollkornbrot
panna – Sahne
patate – Kartoffeln
pepe – Pfeffer
peperonata – Paprika-Tomaten-
  Gemüse
pera – Birne
pesca – Pfirsich
pesce – Fisch
petto di pollo – Hühnerbrust
piselli – Erbsen
pistacchi – Pistazien
pollo – Huhn
polpette – Frikadellen
polipo – Tintenfisch
pomodoro – Tomate
porcini – Steinpilze
prezzemolo – Petersilie

prosciutto – Schinken
  – cotto – gekochter Schinken
  – crudo – roher Schinken

Q
quaglia – Wachtel

R
ragù – Ragout, Fleischsauce
ravanelli – Radieschen
riso – Reis
rognoni – Nieren

S
sale – Salz
salmone – Lachs
  – affumicato – geräuchter Lachs
salsa – Sauce
salsiccia – Würstchen
salvia – Salbei
sedano – Sellerie
seppia – Tintenfisch
sogliola – Seezunge
spiedino – Spießchen
sugo – Sauce
succo di frutta – Fruchtsaft

T
tacchino – Truthahn
tartufo – Trüffel
tonno – Thunfisch
trotta – Forelle

U
uovo – Ei
uve – Trauben

V
verdura – Gemüse
vitello – Kalb

Z
zucchero – Zucker

SERVICE

Anreise und Ankunft

MIT DEM AUTO

Von Deutschland fährt man am besten über den mautpflichtigen Brenner (Autobahn-Vignette in Österreich) oder durch die Schweiz (Autobahn-Vignette) nach Genua.

Aus Österreich über die Alpen-Adria-Autobahn A 2 von Wien über Graz nach Klagenfurt und Villach. Von dort über die A 23 an die Adria und weiter über die A 4 nach Genua.

Aus der Schweiz fährt man am schnellsten entweder durch den St.-Gotthard- oder den San-Bernardino-Tunnel nach Mailand und von dort nach Genua.

MIT DER FÄHRE

Von Genua aus gehen Fähren nach Olbia, Porto Torres und Cagliari. Die Überfahrt dauert bis zu 13 Std. Sie können auch von Livorno übersetzen. Eine andere Passage nach Sardinien gibt es ab Civitavecchia. Die Autofahrt dorthin ist nicht empfehlenswert, denn die direkte Verbindung führt über die sehr enge, kurvige und mit Lastwagen überfüllte Via Aurelia. Von allen Häfen steuern zwei private Gesellschaften (Sardinia Ferries, Tirrenia) Sardinien an. Einige Preisbeispiele: Für eine Passage von Genua bis Olbia zahlen Sie pro Person in einer Kabine ab ca. 130 €. Eine Überfahrt mit einem Mittelklassewagen und einer Kabine kostet etwa ab 170 €. Von Civitavecchia bis Cagliari kostet die Überfahrt pro Person und Strecke mit Kabine und einem Platz für einen Mittelklassewagen ca. 170 € (beides ganzjährig bei Tirrenia). Von Livorno bis Golfo Aranci beträgt der Preis für eine Kabine ab ca. 120 €, für einen Mittelklassewagen ab ca. 170 €. Einen guten Überblick über alle Fähren gibt www.faehre.com. Informationen über die Fährverbindungen bekommt man in den Reisebüros in Deutschland, Österreich und der Schweiz nur von den Linien Tirrenia, Moby Lines und Sardinia Ferries. Die Fährverbindungen von Ferrovie dello Stato sind nur über italienische Reisebüros erhältlich.

Tirrenia: www.tirrenia.it, Moby Lines: www.mobylines.de, Sardinia Ferries: www.corsicaferries.com

MIT DEM FLUGZEUG

Von allen großen Flughäfen Deutschlands, der Schweiz und Österreichs fliegen mehrere Airlines die Städte Alghero, Olbia und Cagliari an. Wer sehr früh bucht, kann bei einer der Chartergesellschaften noch einen Flug im Internet ab ca. 70 € ergattern.

Auf www.atmosfair.de kann jeder Reisende durch eine Spende für Klimaschutzprojekte für die CO_2-Emission seines Fluges aufkommen.

Auskunft

IN DEUTSCHLAND, ÖSTERREICH UND DER SCHWEIZ

Italienische Zentrale für Tourismus ENIT

– Barckhausstr. 110, 60325 Frankfurt/Main | Tel. 0 69/23 74 34 | www.enit-italia.de

– Mariahilferstr. 1 b, 1060 Wien |
Tel. 01/5 05 16 30 12 | www.enit.at
– Uraniastr. 32, 8001 Zürich |
Tel. 0 43/4 66 40 40 | www.enit.ch

AUF SARDINIEN
Sardegna Turismo
Viale Trieste 105, 09123 Cagliari | Tel. 07 06
06 72 26 | www.sardegnaturismo.it

Buchtipps

Marcello Fois: Der Tod wäscht alles rein (List, 2004) Krimi, in dem Commissario Sanuti sich mit sardischen Mythen vertraut macht.
D. H. Lawrence: Das Meer und Sardinien (Diogenes, 2007) Reisereportage über Lawrences Abstecher nach Sardinien.
Gavino Ledda: Padre, Padrone (dtv, 2003) Der Roman (eindrucksvoll verfilmt) erzählt Leddas tragische Kindheit und Jugend auf Sardinien.

Diplomatische Vertretungen
Honorarkonsulat der Bundesrepublik Deutschland
▶ **Klappe hinten, westl. f 4**
Via Raffa Garzia 9, 09126 Cagliari | Tel.
0 70 30 72 29

Botschaft der Republik Österreich
▶ **Klappe hinten, westl. f 1**
Via Pergolesi 3, 00198 Roma | Tel. 0 68
44 01 41

Generalkonsulat der Schweiz
▶ **Klappe hinten, e 5**
Via XX Settembre 16, Cagliari | Tel. 0 70 66
36 61 | für Korrespondenz: Piazza Brignole 3/6, 16100 Genova | Tel. 0 10 56 56 20

Feiertage
1. Januar Neujahrstag
6. Januar Epiphanias
25. April Tag der Befreiung
1. Mai Tag der Arbeit
15. August Mariä Himmelfahrt
1. November Allerheiligen
8. Dezember Mariä Empfängnis
25./26. Dezember Weihnachten
An den gesetzlichen Feiertagen bleiben Banken, Büros, Behörden und Geschäfte geschlossen.
Viele Orte haben ihre eigenen Feste und Feiertage. Die Geschäfte haben dann nur unregelmäßig geöffnet.

Geld
Sardinien ist teurer als Deutschland – das steht fest. Doch gibt es auch auf der Insel deutliche Unterschiede: Der Norden ist am teuersten, gefolgt vom Süden mit der Hauptstadt Cagliari. In den Touristenzentren am Meer kostet das Leben deutlich mehr als auf dem Land. Achtung: Im Gegensatz zu Deutschland sind die meisten großen Supermärkte auf Sardinien in der Regel teurer als die kleinen Alimentari oder die Lebensmittel auf den lokalen Märkten. Preiswert ist es häufig auch, wenn man beispielsweise Käse und Wein bei den Direkterzeugern kauft. Kreditkarten werden in großen Geschäften sowie in besseren Hotels und Restaurants akzeptiert. An fast allen Geldautomaten kann man mit einer EC-Karte Geld abheben. Banken haben meist von 8.30–13.30 Uhr und manche auch eine Stunde am Nachmittag geöffnet.

Insekten
Auf Sardinien ist es vor allem im Sommer unerlässlich, sich mit gutem Insek-

tenschutz gegen die Mücken zu schützen. Vor allem im Süden, bei Windstille und feuchtem Klima können die Blutsauger extrem lästig werden.

Links und Apps

www.sardinien.com
Umfangreiches, virtuelles Reisemagazin, das mehrmals wöchentlich aktualisiert wird.
www.sardinienforum.com
Reiseforum, das sich ausschließlich Sardinien widmet.
www.keya-sardegna.eu
Keya organisiert geführte mehrtägige Wanderungen und Tagestouren.
www.agriturismo.it/it/agriturismi/sardegna
Informationen über Bauernhöfe und alternative Unterkünfte für den ländlichen Urlaub.

Kleidung

Im Hochsommer reicht leichte Kleidung. Trotzdem ist es sinnvoll, noch eine Windjacke und einen Pullover mitzunehmen, da es in den Abendstunden vor allem im Norden kühl werden kann. Wichtig ist – für Wanderungen, Besichtigungen von Nuraghen und Höhlen –, dass Sie festes Schuhwerk im Gepäck haben. Im Frühjahr und Herbst ist Regenkleidung unerlässlich.

Medizinische Versorgung

KRANKENVERSICHERUNG

Auch auf Sardinien kann es Ihnen passieren, dass Ihnen die European Health Insurance Card, die es bei den Krankenkassen gibt, nicht weiterhilft. Nicht selten passiert es, dass Ärzte und Krankenhäuser diese europäische Zah-

lungsvariante nicht anerkennen und Sie die Leistungen bar bezahlen müssen. Gegen eine Quittung erhalten Sie Ihr Geld in der Regel ohne Komplikationen von Ihrer Krankenkasse wieder zurück.
Als zusätzlicher Versicherungsschutz empfiehlt sich auf jeden Fall der Abschluss einer Auslandskrankenversicherung, da diese Krankenrücktransporte mitversichert.

KRANKENHAUS

Krankenhäuser befinden sich in Cagliari und Olbia.

APOTHEKEN

Apotheken sind in der Regel Mo–Fr von 9–12 und 16–20, Sa von 9–12 Uhr geöffnet.

Nebenkosten

1 Tasse Espresso . . . . ca. 2,50 €
1 Bier . . . . ca. 2–4,50 €
1 Cola/Limo . . . . ca. 2,50 €
1 Brot (ca. 500 g) . . . . ca. 2,50 €
1 Schachtel Zigaretten . . . . . . ca. 7,00 €
1 Liter Benzin . . . . ca. 2,00 €
Mietwagen/Tag . . . . ab 90,00 €

Notruf

Euronotruf Tel. 112
(Polizei, Feuerwehr, Rettungsdienst)

Post

Die Briefkästen in Italien sind rot. Briefmarken erhält man in allen Tabakläden und Postfilialen. Eine Postkarte nach Deutschland, Österreich und die Schweiz kostet 0,85 €.

Reisedokumente

Deutsche, Österreicher reisen auch ohne Papiere ein. Man sollte allerdings dennoch immer einen Personalausweis mit sich führen. Schweizer können mit einem gültigen Reisepass oder Personalausweis einreisen. Kinder benötigen ein eigenes Reisedokument.

Reiseknigge

Sarden sind zurückhaltende und freundliche Menschen, sie sind hilfsbereit und gastfreundlich. Jeder Einheimische freut sich, wenn man ein kleines bisschen Italienisch spricht – und wenn es sich nur um eine höfliche Begrüßung oder Verabschiedung handelt. Wichtig ist es vor allem, dass man sich bedankt. Die stolzen Sarden freuen sich über jedes italienische Wort, man kommt schnell – auch mit Händen und Füßen – ins Gespräch. Zu den Höflichkeiten gehört es auch, nicht mit unbekleidetem Oberkörper durch die Stadt zu laufen oder am Esstisch zu sitzen. Seien Sie geduldig, wenn etwas nicht so schnell klappt, wie Sie es aus Deutschland kennen, formulieren Sie statt einer Beschwerde lieber eine Frage.
Auch wenn die Temperaturen in den Sommermonaten an manchen Tagen auf über 40 °C steigen können, sollten Sie die gläubigen Menschen bei Kirchenbesichtigungen respektieren und die Gotteshäuser nur in angemessener Kleidung betreten. Auch das Fotografieren mit Blitzlicht ist in den meisten Kirchen (und Museen) verboten.

FKK

»Oben ohne« hat sich inzwischen sogar bei einigen Sardinnen in Cagliari durchgesetzt, ist in kleineren Orten aber noch immer unüblich. FKK ruft nicht nur Unverständnis und Aggressionen hervor, sondern auch ganz schnell die Polizei herbei.

TRINKGELD

Es gilt das ungeschriebene Gesetz, etwa 10 % des Rechnungsbetrags als Trinkgeld zu geben. Wenn Sie zufrieden sind, sollten Sie das tun, auch wenn der Service in der Rechnung schon enthalten ist. Für Sarden unbekannt ist das getrennte Zahlen einzelner Gäste. Am besten einigen Sie sich vor dem Bezahlen und geben dem Kellner die Summe in einem Betrag.

Klima (Mittelwerte)

	Januar	Februar	März	April	Mai	Juni	Juli	August	September	Oktober	November	Dezember
Tages-temperatur	14	15	17	20	23	28	31	31	28	24	19	15
Nacht-temperatur	7	7	9	10	14	18	20	20	19	15	12	8
Sonnen-stunden	4	5	7	8	10	11	12	11	7	7	5	4
Regentage pro Monat	7	7	6	5	5	2	1	1	3	6	7	8
Wasser-temperatur	14	13	14	15	17	20	23	24	23	21	18	15

Reisewetter

Auf der Insel herrscht mediterranes Klima. Im Winter kommen atlantische Tiefausläufer, im Sommer bestimmen subtropische Hochdruckgebiete das Wetter. Dementsprechend sind die Monate Juli/August vor allem im Inselinneren heiß.

Sollten Sie es sich zeitlich einrichten können, dann wählen Sie als Reisezeit am besten die Monate Mai, Juni oder September. Dann ist es angenehm warm, manchmal aber auch heiß. Die ständige Brise macht die Hitze dennoch gut erträglich.

Der Winter hingegen ist kalt und regnerisch. Wer dennoch im Winter reisen möchte, Sardinien ohne Tourismus erleben will, sollte möglichst im Januar kommen. Dieser Monat ist zwar noch kühl, aber häufig sehr sonnig. Fast das ganze Jahr über ist es auf der Insel windig. Es gibt höchstens 40 wirklich windstille Tage. Dann kann es extrem heiß sein.

Strom

Für elektrische Geräte wird in seltenen Fällen ein Adapter benötigt.

Telefon

VORWAHLEN

D, A, CH ▶ Italien 00 39
Italien ▶ D 00 49
Italien ▶ A 00 43
Italien ▶ CH 00 41

Bei Anrufen aus dem Ausland nach Italien muss man die Vorwahl inklusive der »0« wählen, ebenso auch bei Ortsgesprächen. Italienische Handynummern besitzen hingegen keine »Anfangsnull«.

Inzwischen haben sich auch auf Sardinien öffentliche Telefone durchgesetzt, die mit Karten zu bedienen sind. Dennoch existieren, vor allem in Bars, noch die alten Apparate, die nur mit speziellen Münzen, den »gettoni«, funktionieren.

Einige Bars haben auch Telefone mit Einheitenzählern. In größeren Orten bieten die SIP-Gesellschaften öffentliche Telefone an, die ebenfalls mit Einheitenzählern funktionieren.

Tiere

Hunde und Katzen benötigen zur Einreise einen EU-Heimtierausweis (Tierarzt) mit Nachweis einer Tollwutimpfung. Das Tier muss durch einen Mikrochip identifizierbar sein.

Für Hunde sollten Sie einen Maulkorb und eine Leine bei sich haben, denn auf den Fähren, in Bussen und Zügen herrscht Maulkorbpflicht. Katzen müssen auf den Fähren in Käfigen oder Körben transportiert werden. Hunde sind nicht gern gesehen.

Verkehr

AUTO

Wenn Sie mit dem Auto unterwegs sind: Tankstellen finden Sie in den Städten ohne Probleme, lediglich im Inselinneren sind sie etwas rarer. Achtung: Wer's eilig hat, sollte darauf achten, dass er nicht auf Tankstellen in der Mittagszeit angewiesen ist. Kleinere Tankstellen haben nämlich meistens zwischen 12 und 16 Uhr geschlossen! Falls Sie nicht selbst tanken, sondern dies von einem Tankwart erledigt wird, sollten Sie mithilfe der Tankanzeige nochmals kontrollieren, ob Sie die bezahlte Menge tatsächlich erhalten haben. Gelegentlich kommt es hier zu kleinen Unregelmäßigkeiten.

Die Fahrweise der meisten Sarden ist für unsere Verhältnisse ziemlich chaotisch. Bei allem Chaos, bei allem Risiko fahren die Sarden dennoch sehr aufmerksam. Hin und wieder passiert es, dass die Carabinieri aus irgendwelchen Gründen einen Wagen anhalten. Normalerweise glänzen diese Polizisten zwar nicht durch überschwängliche Höflichkeit, aber wenn man alle Papiere bei sich hat, ist eine schnelle Weiterfahrt garantiert.

Im Inselinneren sind die Straßen mancherorts sehr unübersichtlich, die Serpentinen in den Bergen sehr eng. Halten Sie sich in den Kurven weit rechts. Die waghalsigen sardischen Überholmanöver sind nicht unbedingt nachahmenswert.

In geschlossenen Ortschaften gilt 50 km/h als Höchstgeschwindigkeit; auf Landstraßen 90 km/h, die auf Sardinien aber aufgrund der Straßenverhältnisse nur selten möglich sind. Achtung: In Italien herrscht außerorts auch tagsüber Lichtpflicht; darüber hinaus sind Sie verpflichtet, eine Warnweste mitzuführen.

BAHN

Die Staatsbahn, Ferrovie dello Stato (FS), betreibt zwei Hauptstrecken mit täglichen Verbindungen: von Olbia nach Sassari mit Verbindung nach Porto Torres und zum Golfo Aranci sowie nach Cagliari. Eine weitere Verbindung besteht nach Iglesias und Carbonia. Ein Erlebnis ist die Fahrt mit der sardischen Schmalspurbahn. Sie benötigen für diese Fahrten allerdings etwas Zeit, da der Zug mit max. 40 km/h durch die Landschaft zuckelt. Er fährt von Alghero über Sassari nach Palau und von Cagliari nach Arbatax.

DIE WICHTIGSTEN BAHNHÖFE

Cagliari
Tel. 0 70 65 62 93
Olbia
Tel. 0 78 92 24 77
Oristano
Tel. 0 78 37 22 70
Sassari
Tel. 0 79 26 03 62

BUS

Das Linienbusnetz auf Sardinien ist hervorragend ausgebaut. Sie können fast jedes sardische Dorf mit dem Bus erreichen. Städte und größere Ortschaften werden mehrmals täglich angefahren. Verbindungen zu kleinen Dörfern bestehen allerdings manchmal nur ein- bis zweimal wöchentlich. Bushaltestellen heißen »fermata«. Die Abfahrtszeiten erfragen Sie am besten in Bars, Restaurants und Hotels. Die Fahrkarten erhalten Sie in den »tabacchi«, den Tabak- und Zeitungsläden.

FAHRRAD

Fahrrad fahren ist auf Sardinien vor allem etwas für Könner mit guter Kondition. Leihräder erhalten Sie in einigen Hotels.

MIETWAGEN

Mietwagenstationen gibt es vor allem an den Flughäfen Olbia und Cagliari. Dort haben sich inzwischen alle gängigen internationalen Verleihfirmen angesiedelt. In Cagliari ist es auch möglich, einen Wagen am Hafen zu mieten. Bei den internationalen Vermietern können Sie Ihren Wagen im Voraus buchen. Tipp: Gute und preiswerte Angebote finden Sie bei den jeweiligen Autovermietungen im Internet. Vergleichen lohnt sich.

Vermieter am Flughafen:

Avis Tel. 0 70 24 00 37

Budget Tel. 0 70 24 00 81

Europcar Tel. 0 70 24 01 26

Hertz Tel. 0 70 24 00 37

TAXI

Taxistände finden Sie in allen größeren Orten. Die Taxifahrer sind sehr zuverlässig, alle Wagen sind mit Taxameter ausgestattet.

Wasserknappheit

Da in den Sommermonaten das Wasser auf Sardinien sehr knapp ist und es häufig tagsüber für die Bevölkerung abgestellt wird, sollte man etwas bewusster als sonst duschen, abwaschen oder die Zähne putzen. Die Wartung und das Betreiben des ursprünglich öffentlichen Wasserbewirtschaftungssystems wurden in die Hände einer privaten Firma gegeben, die pleite ist. Ein Tipp an alle Urlauber, die in der Zeit zwischen Juli und September nach Sardinien fahren: Unbedingt vorher erkundigen, ob das Ferienhaus über eine Zisterne (mind. 1500 Liter) verfügt!

Zoll

Reisende aus Deutschland und Österreich dürfen Waren abgabenfrei mit nach Hause nehmen, wenn diese für den privaten Gebrauch bestimmt sind. Die Richtmengen sollten jedoch nicht überschritten werden (z. B. 800 Zigaretten, 90 l Wein, 10 kg Kaffee). Für Reisende aus der Schweiz gilt, dass sie Waren im Wert von 300 SFr ausführen dürfen. Tabakwaren und Alkohol fallen nicht unter diese Bestimmung und bleiben in gewissen Mengen zollfrei (z. B. 200 Zigaretten, 2 l Wein). Weitere Auskünfte unter www.zoll.de, www.bmf.gv.at/zoll und www.zoll.ch.

Entfernungen (in km) zwischen wichtigen Orten

	Alghero	Arbatax	Cagliari	Iglésias	Nuoro	Olbia	Orgòsolo	Oristano	Porto Cervo	Villasimius
Alghero	–	231	229	226	151	136	171	106	166	278
Arbatax	231	–	145	200	101	183	121	205	213	125
Cagliari	229	145	–	55	184	266	204	93	296	49
Iglésias	226	200	55	–	211	183	221	120	213	104
Nuoro	151	101	184	211	–	114	20	91	144	226
Olbia	136	183	266	183	114	–	134	163	30	308
Orgòsolo	171	121	204	221	20	134	–	111	173	240
Oristano	106	205	93	120	91	163	111	–	193	142
Porto Cervo	166	213	296	213	144	30	173	193	–	338
Villasimius	278	125	49	104	226	308	240	142	338	–

ORTS- UND SACHREGISTER

Wird ein Begriff mehrfach aufgeführt,
verweist die **fett** gedruckte Zahl auf die Hauptnennung.
Abkürzungen: Hotel [H] · Restaurant [R]

SARDINIEN GESTERN & HEUTE

Die **Via Roma** befindet sich im Herzen der Stadt Cagliari. Die mit riesigen Steinplatten gepflasterte Straße liegt direkt am Hafen. Bereits 1904 rollten Pferdekutschen die frisch bepflanzte Uferpromenade entlang. Heute fahren hier Autos, Palmen gibt es nur noch wenige. Dafür umso mehr geschäftiges Treiben und nette Cafés, die zum Verweilen einladen. Unter den prächtigen Fassaden der klassizistischen Häuser ziehen sich schattige Arkaden entlang.

Liebe Leserinnen und Leser,

vielen Dank, dass Sie sich für einen Titel aus unserer Reihe MERIAN *momente* entschieden haben. Wir wünschen Ihnen eine gute Reise. Wenn Sie uns nun von Ihren Lieblingstipps, besonderen Momenten und Entdeckungen berichten möchten, freuen wir uns. Oder haben Sie Wünsche, Anregungen und Korrekturen? Zögern Sie nicht, uns zu schreiben!

Alle Angaben in diesem Reiseführer sind gewissenhaft geprüft. Preise, Öffnungszeiten usw. können sich aber schnell ändern. Für eventuelle Fehler übernimmt der Verlag keine Haftung.

© 2014 TRAVEL HOUSE MEDIA GmbH, München
MERIAN ist eine eingetragene Marke der GANSKE VERLAGSGRUPPE.

TRAVEL HOUSE MEDIA
Postfach 86 03 66
81630 München
merian-momente@travel-house-media.de
www.merian.de

Alle Rechte vorbehalten. Nachdruck, auch auszugsweise, sowie die Verbreitung durch Film, Funk, Fernsehen und Internet, durch fotomechanische Wiedergabe, Tonträger und Datenverarbeitungssysteme jeglicher Art nur mit schriftlicher Genehmigung des Verlages.

BEI INTERESSE AN MASSGESCHNEIDERTEN MERIAN-PRODUKTEN:
Tel. 0 89/4 50 00 99 12
veronica.reisenegger@travel-house-media.de

BEI INTERESSE AN ANZEIGEN:
KV Kommunalverlag GmbH & Co KG
Tel. 0 89/9 28 09 60
info@kommunal-verlag.de

1. Auflage

VERLAGSLEITUNG
Dr. Malva Kemnitz
REDAKTION
Richard Schmising
LEKTORAT
Anna Steinbauer
BILDREDAKTION
Lisa Grau, Susann Jerofsky
SCHLUSSREDAKTION
Gisela Wunderskirchner
HERSTELLUNG
Bettina Häfele, Katrin Uplegger
SATZ/TECHNISCHE PRODUKTION
Sabine Dohme, Planegg bei München
REIHENGESTALTUNG
Independent Medien Design, Horst Moser, München (Innenteil), La Voilà, Marion Blomeyer & Alexandra Rusitschka, München und Leipzig (Coverkonzept)
KARTEN
Gecko-Publishing GmbH für MERIAN-Kartographie
DRUCK UND BINDUNG
Firmengruppe APPL, aprinta Druck, Wemding

Ein Unternehmen der
GANSKE VERLAGSGRUPPE

PEFC™
PEFC/04-32-0928

BILDNACHWEIS
Titelbild (Elefantenfelsen, Cala di Volpe): Bildagentur Huber: L. da Ros
Anzenberger: C. Anzenberger 79 L. Yadid 133 | Bildagentur Huber: Bernhart 71, P. Canali 77, 131, G. Cozzi 75, L. Da Ros 95, O.Fantuz 127, G.Greco 97, 99, V. Leplat 26, M. B. Morandi 55, Piacentino 52 | Corbis 56, 113 | dpa Picture-Alliance: K. Kreder 73, WILDLIFE/P. Oxford 20-21 | Faro Capo Sparventivo 17 | Getty Images 101 | Grand Hotel 22 | Hanna Wagner Reisefotografie 16, 105 | Imago: CHROMORANGE 49, D. Mendzigall 4–5 | Interfoto 2, 160u | JAHRESZEITEN VERLAG: K. Bossemeyer 80, 91, G. Lengler 109 | Laif: R. Celentano 42, 136, G. Haenel 160u, T. Hauser 85, hemis.fr/ J.-P. Degas 12, 134-135, Hemis.fr/L. Montico 46, 64-65 C. Kaiser 38 | look-foto 115 | Mandra Edera 37 | mauritius images: Alamy 19, CuboImages 107, 124-125, 25, C.Böck 129, B. Protzel 60, K. Scholz 117 | Museo del Carbone 102 | Prisma: DEA/G. COZZI 57 # Reiterhof Costa Smeralda 18 # Schapowalow: SIME/Spexi/A. Addis 15, 29, G. Simeone 66 | Shutterstock 6, 13l, 13r, 14, 59, 69, next143 142l, Samot 142r | T. Stankiewicz | StockFood: M Matassa 30 | ullstein bild 110, 122 | Wikicommons 138, 139l, 140, 141l, 141r, YourPhotoToday: PM 121